RETRO style

WOHNIDEEN VON 1920 BIS 1970
KOMBINIERT MIT DEM DESIGN VON HEUTE

RETRO style

Neil Bingham & Andrew Weaving

mit Fotografien von Andrew Wood

nicolai

Titel der englischen Originalausgabe:
Modern Retro

© 2000 der englischen Originalausgabe:
Ryland Peters & Small
Kirkman House
12–14 Whitfield Sreet
London
W1T 2RP

© 2000 Text: Neil Bingham
© 2000 Design und Fotografie:
Ryland Peters & Small
© 2001 der deutschsprachigen Ausgabe:
Nicolaische Verlagsbuchhandlung Beuermann
GmbH, Berlin

Aus dem Englischen von Maria Gurlitt-Sartori

Lektorat: Antje Taffelt
Recherchen: Christoph Gurlitt
Satz und Umschlaggestaltung: LVD GmbH,
Berlin
Druck und Bindung: Toppan Printing Co., China
Alle deutschsprachigen Rechte vorbehalten
ISBN 3-87584-838-1

INHALT

Einführung

Der Wunsch nach einem Interieur im Stil vergangener Zeiten läßt sich über Jahrhunderte zurückverfolgen. Die Alten Römer erwarben Möbel und Artefakte, die dem Griechenland der Antike entstammten. Die mittelalterlichen Kaiser orientierten sich am Stil des kaiserlichen Roms. Im England der viktorianischen Zeit umgab man sich mit dem Pomp mittelalterlichen höfischen Lebens. Im Lauf des 19. Jahrhunderts zeichnete sich ein zunehmend rascherer Rückgriff auf historische Stilvorlagen ab; heute, zu Beginn des 21. Jahrhunderts, drängt die unmittelbare Vergangenheit in das Blickfeld – die Moderne, hier als Modern Retro bezeichnet, wird zum Gegenstand der Bewunderung.

Die Moderne ist somit das Schlüsselwort für den Stil des 20. Jahrhunderts in Kunst, Architektur und Design. Wo der Beginn der Moderne und ihr Ende – falls es ein solches überhaupt gibt – anzusetzen ist, bleibt umstritten. Um der Einfachheit willen haben wir als Parameter die Jahre zwischen 1920 und 1970 angenommen, eine logisch festgesetzte Zeitspanne. Sie beginnt mit dem Jahrzehnt, in dem sich Stile wie Art déco, jene Bewegung zwischen konventionell Ornamentalem und streng Geometrischem, aber auch so erstaunlich innovative Richtungen wie De Stijl und das Bauhaus manifestierten, und endet mit den 70er Jahren, einer Zeit der Verunsicherung und Ablehnung der Moderne, und der Geburt der Postmoderne.

LINKE SEITE **Raritäten verraten den Kennerblick des Sammlers. Der Tisch scheint eine einzigartige Mischkonstruktion von Charles und Ray Eames aus den 50er Jahren zu sein: die Platte stammt von einem ellipsenförmigen Eames-Tisch, die Dübelbeine von den Stühlen der gleichnamigen Designer – ideal kombiniert mit dem Eß-Stuhl *DCW (Dining Chair Wood)*, ebenfalls vom Ehepaar Eames.**
RECHTS OBEN **Ein zwangloses Tisch-Arrangement mit Stühlen des frühen Alvar Aalto (1920)**
LINKS **Ein Thonet-Sessel aus amerikanischer Produktion**

DAS ERNEUTE INTERESSE AM MODERN RETRO HAT ZU WIEDERAUFLAGEN (REEDITIONEN) BESONDERS BELIEBTER REPRÄSENTATIVER STÜCKE GEFÜHRT.

Modern Retro umfaßt alles, was zum Interieur des 20. Jahrhunderts gehört, von den Möbeln über Beleuchtung und Stoffe bis zu den zahllosen nützlichen und schönen Accessoires, in denen sich die Individualität des Besitzers äußert. Die meisten dieser Besitzer sind Sammler, wenngleich viele diesen elitären Status ablehnen und statt dessen eher von der Freude sprechen, wenn es ihnen gelungen ist, ein besonders gutes Stück der Moderne zu erwerben. Bestens vertraut mit den historischen Stil- und Entwicklungskomponenten der Moderne, kennen sie die »Klassiker« der jeweiligen Periode und wissen, wo man sie ausfindig macht.

Für die Sammler des Modern-Retro-Stils ist es von Vorteil, daß von bestimmten Möbeln, Stoffen und Accessoires kontinuierliche Produktlinien und Reeditionen erhältlich sind. Auch wenn zahlreiche Klassiker des 20. Jahrhunderts fortlaufend produziert wurden, waren die Auflagen doch meist limitiert. Aber das erneute Interesse am Modern-Retro-Look hat zu zahlreichen Reeditionen besonders beliebter oder repräsentativer Stücke geführt. Ob man nun eher zur neuen, blendend weißen Version einer Plastik-Kugelleuchte des Designers George Nelson tendiert oder das vergilbte und rissig gewordene Original vorzieht, ist Geschmackssache.

Wer sich im Modern-Retro-Stil einrichtet, strebt wohl kaum eine Wiederauflage der Vergangenheit an; es geht vielmehr um die Neubelebung und Verschmelzung der besten Design-Ideen. Diese Interieurs sind nicht Ausdruck von Nostalgie, sondern Spiegel jener optimistischen Haltung, die die Moderne weitgehend prägte. Schaut man sich die Fotos in diesem Buch an, wird deutlich, daß Modern-Retro-Interieurs vor allem in der Gegenwart leben. Viele dieser Raumbeispiele entsprechen der Avantgarde heutiger Ideen, denn kein Ambiente ist im Augenblick so topaktuell wie Modern Retro.

LINKE SEITE
Modern Retro tendiert zum Minimalismus. Der Spiegel reflektiert eine Jasper-Morrison-*Glo-ball*-Kugellampe aus den 90er Jahren, die sehr an George Nelsons *Bubble shades* aus den 50ern erinnert.
LINKS **Dieser Raum wird von *La Chaise* dominiert, einem 1948 von Charles und Ray Eames entworfenen Stuhl, der seinerzeit nicht in Produktion ging. Der Witz besteht darin, daß dieser Stuhl erst kürzlich hergestellt wurde und trotzdem schon ein Modern-Retro-Klassiker ist.**

Die Geschichte des Designs zwischen 1920 und 1970 kennzeichnet ein ständiges Kommen und Gehen der verschiedensten Stilarten. Aus dem Blickwinkel unseres neu angebrochenen Jahrhunderts betrachtet, war es eine Zeit sprühender Energie und entschlossener Zielsetzungen in Kunst, Architektur und Design. Um diese Periode zu beschreiben, wird oft der Begriff »Moderne« verwendet. Natürlich sind im 20. Jahrhundert auch Gegenbewegungen erkennbar, insbesondere Revivals klassischer Stile, aber der Stil der Moderne – die Modern Movement – ist heute unbestritten am gefragtesten.

DEKADEN DES DESIGNS

Ein Modern-Retro-Interieur
im Stil der 50er Jahre. Der *Lady
Chair*, ein Lehnsessel von
Marco Zanuso (1951) ist eine
Reedition, alle anderen Stücke
sind Originale.

Der nachhaltigste Einfluß auf den heutigen Modern-Retro-Look geht von der Modern Movement aus, die in den 20er Jahren gemeinsam mit einem weiteren prosperierenden Design-Konzept, der Art déco, auftauchte. Auch andere Stile erfreuten sich großer Beliebtheit, aber nur passionierte Sammler mit entsprechendem Fachwissen und Budget scheinen sich heute außerhalb der Bereiche Art déco und Moderne zu bewegen.

Die 20er und 30er Jahre

LINKE SEITE Das Interieur der kleinen Villa, die sich Eileen Gray in den späten 20er Jahren an der Côte d'Azur baute. Die Möbel sind vorwiegend Entwürfe der Architektin, darunter der Sessel *Bibendum*, der Stuhl *Transit* und der Teppich *Centimètre*.
OBEN Die Möbelstücke, die Eileen Gray zwischen 1920 und 1930 entwarf, fanden erst vor kurzem größere Resonanz. Originale von Gray sind selten, sehr gefragt und extrem teuer. Reeditionen wie dieser Bibendum-Lehnsessel sind hervorragend verarbeitet und originalgetreu nachgebildet.
RECHTS MITTE Marcel Breuer, Meister am Bauhaus, Architekt und Designer, schuf 1925, 23jährig, den *Wassily*-Sessel, seinen ersten Entwurf aus gebogenem Stahlrohr.
RECHTS UNTEN Während der 60er und 70er Jahre wurden Nachbildungen und Kopien von Breuers *Cesca*-Stuhl zu einem der beliebtesten Eßstühle.

Der Begriff Art déco geht auf eine Ausstellung zurück, die 1925 in Paris stattfand: die Exposition Internationale des Arts Décoratifs et Industriels Modernes. Sie sollte zur Geburtsstunde eines Stils werden, der ganz Europa einnahm und sich in Amerika fest etablierte. Vor dem Ersten Weltkrieg galt Paris als die Modemetropole der Welt, insbesondere der Haute Couture und Innenarchitektur. Die Art nouveau boomte, während sich die Art déco, mitunter auch als Art moderne bezeichnet, aus dem nicht-historisch orientierten Ansatz der Art nouveau entwickelte, obwohl ihr Gestaltungsmodus geometrisch und nicht naturalistisch war.

Inzwischen wird der Begriff Art déco auf die gesamte Zeit zwischen den Kriegen ausgedehnt. Echte Art-déco-Objekte und Interieurs zeichnen sich indes durch eine Anmut und Liebe zum Detail, häufig auch durch einen Hauch Exotik aus. Hochwertige Art-déco-Möbel bestehen meist aus wertvollem, fein gemasertem Holz, höchst vollendet in den Stücken des französischen Designers Jacques-Emile Ruhlmann.

Art-déco-Räume waren in jener Zeit, insbesondere in Amerika, oft das Werk eines neuen Berufszweigs, der Innenarchitekten. Einschlägige Magazine förderten das Interesse an Raumdesign und machten diesen Stil einer breiten Öffentlichkeit zugänglich. Diese forderte im Gegenzug die serienmäßige Produktion jener handgearbeiteten Stücke, die die Salons der Wohlhabenderen schmückten.

So wurde die Mechanisierung Voraussetzung und Impuls für die Stilentwicklung der 20er und 30er Jahre. Obwohl viele Art-déco-Stücke den Anschein maschineller Produktion erweckten, waren sie meist in stundenlanger Arbeit mühsam von Hand gefertigt. Die Modern Movement, vielfach auch als Moderne und im Bereich der Architektur als International Style bezeichnet, suchte einen Ausweg aus diesem Dilemma, indem sie die Maschine zum wichtigsten Instrument ästhetischer Formgebung erklärte.

Historisch betrachtet ging die Modern Movement aus der Arts and Crafts Movement des 19. Jahrhunderts hervor, deren ideologische Leitfiguren John Ruskin und William Morris waren. In Deutschland wurde um die gleiche Zeit vom Deutschen Werkbund und vor allem dem Bauhaus unter Walter Gropius das Konzept einer sozialgerechten Gestaltung propa-

LINKS OBEN **Interieur in London aus dem Jahr 1933, »modernisiert« von Roland Dickens. Das Schiebefenster verrät das wahre Alter des Raums, aber der kubusartige Sessel, der Stahlrohrhocker und der Elektro-Kamin entsprechen ganz den 30er Jahren.**
RECHTS OBEN **Musterküche aus der gleichen Zeit: hell, glänzend, praktisch. Das Linoleum zeigt ein abstraktes Muster.**

giert; es forderte gutes, erschwingliches Design für alle. Neue Materialien, Methoden und Produktionstechniken kamen nun zum Einsatz, um schnörkellose, streng funktionale und beinahe industriell wirkende Objekte für Wohnung und Büro zu schaffen. An die Stelle der gewohnt massigen und schweren Polstermöbel, traten in Leichtbauweise hergestellte Stühle aus gebogenem Stahlrohr und glatte Ledersessel.

LINKS OBEN **Der berühmte, ganz in Weiß gestaltete Wohnbereich, den die Innenarchitektin Syrie Maugham 1927 für ihr eigenes Haus im Londoner Stadtteil Chelsea schuf. Wände und Möbel sind ausschließlich in Weißtönen gehalten, reflektiert vom gebrochenen Licht der großen Jalousie aus Spiegel-Lamellen im Hintergrund. Auf dem Boden ein Marion-Dorn-Teppich.**
LINKS UNTEN **Eine französische Tischlampe von Perzel mit einem Metallschirm, der an den Helm eines Soldaten erinnert**
MITTE UNTEN **Tagesliege des Architekten Mies van der Rohe aus dem Jahr 1930 mit Teakrahmen und schlanken Chromfüßen, heute bei Knoll wieder aufgelegt**
RECHTS UNTEN **Teppich von Da Silva Bruhns in markanten Art-déco-Farben**

DAS KONZEPT DER SOZIAL ORIENTIERTEN GESTALTUNG – GUTES UND ERSCHWING-LICHES DESIGN FÜR ALLE – WURDE VOM DEUTSCHEN WERKBUND UND VOR ALLEM VOM BAUHAUS PROPAGIERT.

RECHTS OBEN **Badezimmer eines alten englischen Herrenhauses in Kent. Typisch für den Stil der 30er Jahre ist die geschwungene Linienführung von Raumgestaltung und Armaturen.**
RECHTS UNTEN **Ein Hocker aus dem Jahr 1930 von Alvar Aalto**

Im Lauf der 30er Jahre wichen die scharfkantigen Konturen der frühen Moderne einer sanfteren Formensprache. Organische Rundungen setzten sich durch. Diese weichere Linienführung wurde weitgehend von Skandinavien geprägt; Designer wie der Finne Alvar Aalto experimentierten mit ihrem heimischen Holz und schufen geschmeidige, natürliche Formen. Aaltos Möbel entsprachen, wie alle seine Arbeiten, den neuen Gesetzen der Ästhetik, des technischen Fortschritts und der »Funktionalität«, einem Lieblingsbegriff der Modernisten für Objekte, die auf ornamentale Formenspiele verzichteten.

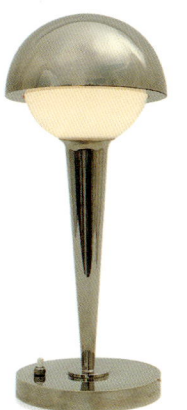

Die 40er und 50er Jahre unterscheiden sich im Hinblick auf Kunst, Architektur und Design deutlich voneinander. Das erste Jahrzehnt war beherrscht von Krieg, Einschränkung und Existenznot; das darauffolgende verlief relativ friedlich und ließ mit der zurückgewonnenen Lebensfreude eine Tendenz zu Luxus und Farbe erkennen. Kein Wunder also, daß der Retro Look der 50er Jahre heute ein beliebtes Feld für Sammler darstellt.

Die 40er und 50er Jahre

Als 1939 der Zweite Weltkrieg über Europa hereinbrach, erfaßte seine destruktive Wirkung schnell den ganzen Globus. Ein Großteil der industriellen Betriebe wurde in Produktionsstätten für Kriegsgüter umgewandelt. Für Gedanken an häuslichen Komfort blieb wenig Raum. Und doch förderten diese schweren Zeiten einen Fundus frischer Ideen und Praktiken zutage. Die Kriegsproduktion zwang die Designer, mit neuen Materialien zu experimentieren, was die Herstellung von Designartikeln nachhaltig verbesserte.

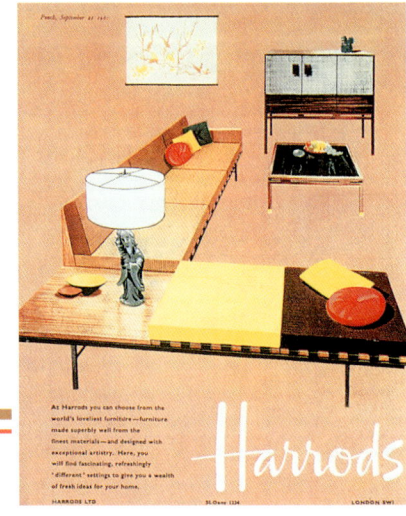

In den ausgehenden 40er Jahren, als sich das Leben in den vom Krieg verwüsteten Ländern allmählich wieder normalisierte, entdeckten die technisch hochentwickelten und vom Krieg verschont gebliebenen Nationen wie die USA, Kanada und Australien, daß sie sowohl über die nötigen Mittel als auch über das Know-how verfügten, um auf den plötzlich einsetzenden Bevölkerungszuwachs zu reagieren. Die Designer wollten vor allem den Vorstellungen der jüngeren Generation von neuen Konsumgütern wie modernen Möbeln, Leuchten, Geschirr, dekorativen Accessoires und Gebrauchsartikeln gerecht werden. Nach wie vor waren hochwertige Erzeugnisse und Geräte teuer, doch schon bald kamen billigere Imitationen auf den Markt.

Die rasche Expansion von Naturwissenschaft und Technik trug zum Abbau internationaler Schranken bei. Design- und Wohnkonzepte wuchsen sich rasch zu internationalen Trends aus. Ein Blick in das 1961 erschienene Interieurbuch *Design for Modern Living* von Gerd und Ursula Hatje – eines der einschlägigsten Werke dieser Zeit – zeigt, wie ähnlich die Apartments und Häuser damals gestaltet waren, ganz gleich ob in New York oder Zürich.

Falls es ein Ambiente gibt, in dem sich die Tendenzen dieser Zeit mehr als anderswo vereinen, dann sind es die *Case Study Houses*. 1945 von Kalifornien ausgehend und auf einer Idee John Entenzas, Herausgeber des US-Magazins *Arts & Architecture* basierend, bestanden diese Musterhäuser aus versetzt

DIE DESIGNER VERSUCHTEN DER NACHFRAGE NACH NEUEN KONSUMGÜTERN, DEKORATIVEN ACCESSOIRES UND GEBRAUCHSARTIKELN GERECHT ZU WERDEN.

DER WUNSCH, AN VERGANGENEM FESTZU-HALTEN, WAR DAFÜR VERANTWORTLICH, DASS MODERNES DESIGN IN MITTEL-EUROPA UND SKANDINAVIEN VERGLEICHS-WEISE LANGSAM AUFGENOMMEN WURDE.

angeordneten, modernen Wohneinheiten, wie sie im folgenden Jahrzehnt von progressiven Architekten wie Richard Neutra, Pierre Koenig, Craig Elwood und dem führenden Kopf der Gruppe, Charles Eames, gebaut wurden. Diese leicht konstruierten Häuser mit offener Raumgestaltung und transparenten Wänden zeichneten sich durch eine sorgfältig aufeinander abgestimmte Dekoration und Möblierung aus – oft von den Architekten persönlich entworfen.

In den 50er Jahren sorgten namhafte Designer für Innovationen in speziellen Bereichen: In Italien entwarf der Architekt Gio Ponti neue Formen für Keramiken, Glas und Möbel. Glas aus Skandinavien zeigte eine zeitlose Eleganz, insbesondere Kreationen von Studios wie Iittala und Nuutajärvi in Finnland und Orrefors in Schweden. Die holländische Firma Philips produzierte Leuchtsysteme im Weltraum-Look, und die abstrakten Muster der Midwinter-Tafelservice – viele an

LINKS **Bei seiner Einführung 1951 hatte der Eamessche *Wire Mesh Chair*, wie auf der Abbildung aus dieser Zeit zu sehen, unterschiedliche Sitzflächen: durchgängig gepolstert oder mit zweiteiliger Auflage, seither als *Bikini* bekannt.**
OBEN **Ein Drahtgitterstuhl in einer amerikanischen Musterküche der 50er Jahre, dargestellt auf einer Reklame der Möbelfirma Herman Miller**

den damals gerade entdeckten atomaren Strukturen orientiert – auf den Eßtischen der Briten entsprachen durchaus auch dem Zeitgeschmack der Amerikaner.

Gegen Ende der 50er Jahre schien es, als hätte die Moderne im Wettstreit der Stilrichtungen endgültig die Oberhand gewonnen. Dabei vergißt man allerdings leicht, daß der moderne Stil an vielen Fronten auf erbitterten Widerstand gestoßen war. Zu Beginn der 50er Jahre hatten sich die Gegner

LINKS OBEN Das *Homemaker*-Design von Enid Seeney ist eines der bemerkenswertesten Dekors der Geschirrkollektion aus den 50er Jahren. Es ist noch heute problemlos erhältlich, da Woolworth Unmengen davon verkaufte. Das Muster besteht aus zwölf Motiven mit zeittypischem Mobiliar wie zum Beispiel einem Nierentisch.
LINKS MITTE Das Geschirr von Midwinter galt als elegant. Oft waren es Stücke, die Entwürfe von bekannten Designern wie Jessie Tait, Hugh Casson und Terence Conran zeigten.
LINKS UNTEN *Sea Urchins*, ein Design von Ray Eames aus dem Jahr 1945

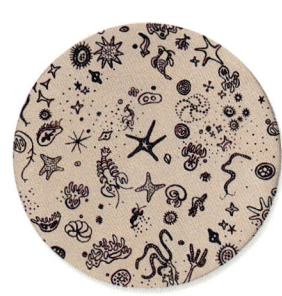

zunächst lautstark zu Wort gemeldet, diese anachronistischen Positionen verloren aber schon bald an Bedeutung. In den Vereinigten Staaten, wo das Geschichtsbewußtsein weniger ausgeprägt war als in der Alten Welt, setzte sich die Moderne rasch durch. Kein Wunder, daß sie in einem Land Wurzeln schlagen konnte, in dem Neuartiges von jeher mit offenen Armen aufgenommen wurde.

In Ländern mit reichem kulturellem Erbe war es jedoch unmöglich, jahrhundertealte, kunstvoll gefertigte Schätze einfach wegzuschmeißen. Unvorstellbar, mit den Zeugnissen der Vergangenheit zu brechen, wo sie doch das Fundament nationaler Verwurzelung darstellten. Großmutters Regency-Kommode, Onkel Georges Staffordshire-Figuren — Männer und Frauen hatten im Krieg schließlich ihr Leben gelassen, um diese Dinge und die mit ihnen untrennbar verwobene Geschichte zu bewahren. Der Wunsch, an Vergangenem festzuhalten, sowie der nur schleppend vorangehende wirtschaftliche Aufschwung nach dem Krieg waren dafür verantwortlich, daß modernes Design in Mitteleuropa und Skandinavien vergleichsweise langsam aufgenommen wurde. Das hatte zur Folge, daß die Inneneinrichtungen der 50er Jahre in Ländern wie England, Italien, den Niederlanden, Frankreich oder Deutschland einen Stilmix aus Bewährtem und Neuem aufwiesen. So konnte sich der von Arne Jacobsen entworfene *Egg Chair* (dänische Produktbezeichnung des Originals: *Aegget*) durchaus zu einer Standuhr aus dem 18. Jahrhundert gesellen.

In jüngster Zeit erfuhr der Stil der 50er Jahre eine spürbare Aufwertung — ein Jahrzehnt, das sich homogen, schlicht und rundum modern gab, was Etikettierungen wie »The New Look«, »Contemporary«, »Mid-Century Modern« oder »Atomic-Look« benennen. Der für dieses Jahrzehnt typische, geradlinige und optimistische Blickwinkel der Moderne kommt unserem heutigen Verständnis von Modern Retro am nächsten.

RECHTS Drei Stühle aus den 50er Jahren mit flossenförmigen Armlehnen; die aufstrebenden Lehnen dieses Sessels (OBEN) erinnerten den Designer Arne Jacobsen an die Flügel des Königs der Vögel: von daher der Name *Svanen*. Ebenfalls von Jacobsen aus dem Jahr 1957 der imposantere *Egg Chair* oder das *Ei* (MITTE). Obwohl von der Moderne inspiriert, gehen Schalensitz und flügelförmige Rücklehne auf eine alte Tradition des Sesseldesigns zurück. Der berühmteste der britischen Patio-Sessel war *Antelope* (UNTEN). Der 1951 anläßlich des Festivals of Britain in London eingeführte Stuhl von Ernest Race mit kugelförmigen, wie Moleküle wirkenden Füßen, zeigte das damals erwachte Interesse der Designer an den Atomstrukturen, einem zentralen Thema der Ausstellung.

Die 60er Jahre waren eine Zeit der Provokation, der Revolution und der Extreme. Dabei begann das Jahrzehnt eigentlich ruhig: die Nachkriegszeit war überstanden, die westliche Welt schien aufeinander zuzugehen, und die Moderne hatte sich etabliert. Aber das Samenkorn der Zersetzung und Auflösung war bereits ausgesät und sollte im Verlauf der Dekade aufgehen: Der lautstarke Ruf »Ban the bomb« wurde von den Vietnamkriegsgegnern in »Make love, not war« umgewandelt, der brave Pilzkopf der Beatles wuchs sich zur wilden Mähne aus, und so manches Wasserbett zeigte immer wieder undichte Stellen.

UNTEN Die Möbel der anbrechenden 60er Jahre wiesen die frühen Elemente der Moderne auf, wie Stahlrohrrahmen und lose aufliegende Lederpolster. Hier im Profil und von vorn abgebildet: das *Sling*-Sofa von George Nelson aus dem Jahr 1963. Im Lauf dieses Jahrzehnts wird in der Möbelproduktion vermehrt Kunststoff verarbeitet - eine deutliche Trendwende.

Die 60er Jahre

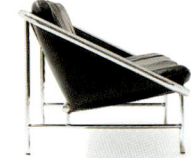

LINKS UNTEN Werbung im Nachkriegs-England für modernes Mobiliar von Harrods, der »grande dame« der Ausstattungshäuser

Was das Design betrifft, so knüpften die frühen 60er Jahre an die vorhergehende Dekade an. Die vertrauten klaren Linien der Nachkriegszeit beherrschten nach wie vor das Erscheinungsbild der meisten Ausstattungsobjekte. Viele der führenden Designer und Hersteller aus den 50er Jahren blieben ihrem individuellen Stil treu und entwickelten ihn weiter. Überdies wurde so mancher Design-Hit der 50er oft erst ein Jahrzehnt später zum Renner, weil es eben manchmal dauert, bis sich neue ästhetische Prinzipien auf dem Markt durchsetzen. In Amerika produzierten Möbelfirmen wie Herman Miller und Knoll International bis in die 60er Jahre und darüber hinaus Sessel, Sofas, Büroprogramme und Schranksysteme von Designern wie Charles und Ray Eames, George Nelson und Harry Bertoia. Erst gegen Ende der 60er Jahre wurden diese Namen von der Anti-Establishment-Bewegung der jungen Wilden (der 68er Generation) angefochten.

RECHTS In den ausgehenden 60er Jahren entdeckte die Mode ihre Liebe zum Kreis sowie zu abgerundeten Kanten entlang scharfer Profile. In diesem seinerzeit topaktuellen Wohnbereich steht die mächtige, mit einer Glasplatte abgedeckte Basis eines Tischs auf einem Tierfell als Zentrum einer Sitzgruppe, die sich aus zwei Sofas mit schaufelartig ausgezogenen Wangen zusammensetzt. Die untere Hälfte der flexiblen Modulwand enthält offene Elemente mit abgerundeten Ecken.

Ab Mitte der 60er Jahre vollzog sich ein bemerkenswerter Wandel: Amerika war nicht länger die Topadresse in Sachen Design. Über Nacht blickte alle Welt auf »Swinging London«, die neue Metropole des Stils. Die Engländer hatten sich zu einer Konsumgesellschaft entwickelt, deren Teenager sich in Diskotheken dem Sound von Bands wie Fab Four, Herman and the Hermits oder den Rolling Stones hingaben. Die Babys der Nachkriegszeit waren zur »younger generation« herangewachsen, die in der King's Road, Carnaby Street und Portobello Road von Boutique zu Boutique zog. Die Rocklänge wurde zum Gesprächsstoff der Nation.

Es war eine Zeit radikaler Umwälzungen, was sich ganz besonders in der Welt des Designs niederschlug. In England wurden die visuellen Stimuli, die das Image des Pop inspirierten, zum alles beherrschenden Thema. Das Zauberwort

RECHTS OBEN **Hängekorbstühle als Ausdruck des neu erwachten Interesses am östlichen und orientalischen Lebensstil. Die Hippie-Bewegung, personifiziert durch die Beatles, die auf ihrer Suche nach Selbsterfahrung nach Indien aufbrachen, begeisterte sich für alternative Wohnformen.** RECHTS UNTEN **In der Kopfzeile dieser Reklame von 1968 für den führenden Textilhersteller Sanderson, klingen mit »sensation« und »happen« Modewörter der Drogenkultur an.**

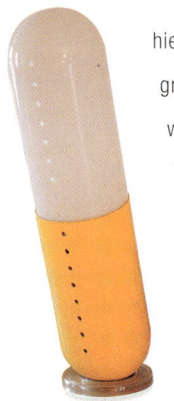

hieß folglich Zweidimensionalität: schrille, grelle Poster, Graphiken, Tapeten, Stoffe und Farben – Decken mit großflächigen wilden Mustern und verrückten Perspektiven. Erste Adresse für solch ekstatische Lebensfreude waren Londons Boutiquen wie Mary Quant's Bazar, Biba oder Geheimtips mit so herrlichen Namen wie Granny Takes a Trip. Die breite Vermarktung der neuen Design-Ästhetik ging von Habitat aus, dem 1964 eröffneten Möbel- und Einrichtungshaus des führenden Design-Unternehmers der Nachkriegsjahre, Terence Conran. Überall in England schossen Habitat-Stores aus dem Boden; neben eigenen Produkten verkauften sie erschwingliche Haushaltswaren aus Frankreich, Italien und Skandinavien.

Zwei Kunstrichtungen beherrschten die 60er Jahre – Op und Pop. Op ging aus der Op-Art-Bewegung hervor, deren zentrale Figur die britische Malerin Bridget Riley war, mit ihren großflächigen, vorwiegend schwarz-

OBWOHL ENGLAND DAS ZENTRUM VIELER DIESER NEUEN STIL-RICHTUNGEN BILDETE, STAMMTE EIN GROSSTEIL DER BESTEN MÖBEL UND GEBRAUCHSARTIKEL AUS DEM AUSLAND. MÖBEL UND GLASWAREN VON AUSSERGEWÖHNLICHER QUALITÄT UND LINIEN-FÜHRUNG KAMEN WEITERHIN AUS SKANDINAVIEN UND ITALIEN.

weißen Bildern und so verschlungen geometrischen Mustern, daß dem Betrachter schier der Kopf schwirrte. Der Zusammenhang zwischen Op, der ausgeflippten Drogenkultur und der Innenarchitektur wurde auf einen Blick deutlich: LSD geschluckt, Augen zu und die Welt ist Op. Augen auf und das Wohnzimmer ist Teil deines Trips. Ein Wirbel deformierter Raster mit Kreisen und Rauten an Wänden und Decken – es sind die Tapeten und Vorhänge; du tauchst in etwas Weiches mit wilden Mustern – es sind die Teppiche und Kissen; dein Kopf kreist auf den Umlaufbahnen der Planeten, Sterne und Asteroiden – nichts als Schalenstühle, sphärische Fernsehapparate und geodätische Lampen.

Die andere entschiedene Anti-Establishment-Bewegung war der Pop – eine Ablehnung der Moderne. Die Hippie-Kultur, die die Jugend in ihren Bann schlug, glaubte mit dem Aufgreifen jener Elemente, die die Moderne ausgegrenzt hatte, eine Art Freiraum zu gewinnen. Zu den größten Feinden der alten Garde gehörte der Historismus. Was hätte mehr Empörung ernten können, als auf die Anfänge der Design-Bewegungen zurückzugreifen, denen die frühe Moderne den Kampf angesagt hatte.

Obwohl England das Zentrum vieler dieser neuen Stilrichtungen war, stammte ein Großteil der besten Möbel und Gebrauchsartikel aus dem Ausland. Möbel und Glaswaren von außergewöhnlicher Qualität und Linien-führung kamen weiterhin aus Skandinavien und Italien. Mit einer florieren-

LINKS OBEN **In den 60er Jahren brachten die Italiener Lampen in phantastischen Pop-Formen auf den Markt. Hier eine riesige Pillenkapsel,** *Pillola,* **von Casati & Ponzio, als Anspielung auf die Drogenszene.**
LINKS UNTEN **Strukturglas von Geoffrey Baxter für das Waren-haus Whitefriars**
RECHTS OBEN **Ein Shooting Star – die spektakuläre Stehlampe** *Arco* **der Gebrüder Castiglioni (1962)**
RECHTS MITTE *Kaivo,* **ein Muster von Maija Isola für das finni-sche Textilhaus Marimekko. Solche Op-Art-Textilien wurden oft aufgespannt und wie Kunst-werke gerahmt.**
RECHTE SEITE:
LINKS OBEN **Der aufblasbare** *Blow-***Sessel aus PVC, ein ita-lienischer Entwurf aus dem Jahr 1967, wurde mit Flickzeug geliefert.**
RECHTS **Robin Days** *Polyprop-***Stuhl wurde seit seiner Ein-führung 1963 weltweit über 14 Millionen mal verkauft, hier in der Ausführung für Kinder.**
LINKS UNTEN **Dominierende Graphiken als Wanddekoration in den 60er und frühen 70er Jahren; hier ein Eßbereich aus Conrans** *The House Book* **(1974)**

LINKS OBEN **Rot bedeutet Revolution.** Graphiken in Form von Zielscheiben auf den Fensterläden eines Eßbereichs. Die Vico-Magistretti-Stühle wurden von Geschäften wie Habitat angeboten. Punktstrahler waren eine Neuheit im Interieur dieser Zeit.

RECHTS OBEN **Gewagte Farben** in einem Wohnbereich der 60er Jahre. Sich hinfläzen und plaudern – Lifestyle pur.

LINKS UNTEN **Neon-Leuchtskulpturen** in einem Glasfußboden, von einer Spiegelwand reflektiert

RECHTS UNTEN **Ein dramatischer Op-Art-Effekt** verbindet diese Wohnwelt mit dem tiefer liegenden Sitzbereich; einladend, die *Pastille*-Sessel aus grell grünem Fiberglas.

RECHTE SEITE LINKS OBEN **Kitsch oder Kunst?** Die 1963 eingeführte *Lava*-Lampe erlebt heute ein Revival in unterschiedlichsten Formen.

den chemischen Industrie im Rücken verschaffte sich Italien nun Zugang zur neuen Welt der Kunststoffartikel. Designer wie Joe Colombo propagierten die wilden und wundervollen Formen dieser Zeit, indem sie nicht nur Inneneinrichtungen, sondern ganze Wohnwelten schufen, die dem lässigen Lebensstil einer »Generation von Gammlern« entsprachen.

Weil Op und Pop ein derart überwältigendes und kompromißloses Lebensgefühl vermitteln, umwerfend in Brillanz und Ornamentik, greifen die Liebhaber des Modern Retro heute meist gezielt auf Stücke dieser Periode zurück.

DESIGNER WIE JOE COLOMBO PROPAGIERTEN DIE WILDEN UND WUNDERVOLLEN FORMEN DER ZEIT, INDEM SIE NICHT NUR INNENEINRICHTUNGEN SCHUFEN, SONDERN GANZE WOHNWELTEN.

OBEN **Verner Pantons 1960 eingeführter Stapelstuhl** *Panton* **aus Plastik in einem Modern-Retro-Interieur von heute. Sinnliche Körperformen im Design der 60er Jahre – vom Mobiliar bis zu Mick Jaggers Zungen-Logo – zelebrierten die sexuelle Revolution.**

In den 70er Jahren starb die Moderne. 1977 veröffentlichte Charles Jencks sein bahnbrechendes Buch »The Language of Post-Modern Architecture«, in dem er voller Ironie mit genauer Datums-, Uhrzeit- und Ortsangabe den Tod der Modern Movement verkündete: Es war der Moment, in dem ein in den 50er Jahren gebauter Häuserkomplex durch den gezielten Einsatz von Dynamit gesprengt wurde. Die Moderne war gescheitert; an ihre Stelle sollte die Postmoderne treten.

RECHTE SEITE:
LINKS OBEN **Designer-Chic in einem Londoner Penthouse. Die neutrale Farbgebung erhält durch chromblitzende Säulen- und Rahmenelemente einen High-Tech-Touch. Von fragiler Transparenz ist der** *Plia*-**Stuhl mit Acryl-Lehne an einem Tisch mit Glasplatte und einem Sortiment gläserner Obelisken.**
RECHTS OBEN **Wohnbereich mit überdimensional opulenten Ledersitzkissen und einer Spiegelwand – Inbegriff des luxuriösen Ambientes in den 70ern**
LINKS UNTEN **Eine elegante Sitzgruppe aus sechs leder-bezogenen Stühlen und zwei hochlehnigen** *Lounge Chairs* **der** *Aluminium Group*. **Elemente der Pop-Art-Bewegung hielten sich bis in die 70er Jahre, so auch das dekorative Libellen-Lichtelement.**
RECHTS UNTEN **Viel Luft zum Atmen bleibt zwischen zwei** Bastiano-*Lounge-Chairs* **mit kubusartigem Holzrahmen und tiefer Lederpolsterung – 1969 von Tobia Scarpa entworfen.**

Die 70er Jahre

In den 70er Jahren kam der Historismus, der unter der Oberfläche der Modern Movement ständig präsent war, erneut zu seinem Recht. Beigetragen zu diesem Umschwung hatten die Revivals der 60er Jahre. Zu Beginn der 70er schritt die Neuinterpretation von Stilen wie Art nouveau und Art déco weiterhin rasch voran. Wer Möbel und Objekte aus dem 19. Jahrhundert sammelte, sogenannte Viktoriana, tat dies mit einem Augenzwinkern. Aus dem Spaß am Sammeln wurde aber bald Ernst, was sich in großen öffentlichen Ausstellungen und wissenschaftlicher Literatur niederschlug, den Gestaltern als »Wegbereiter des modernen Designs« gewidmet: William Morris, Charles Rennie Mackintosh, C. F. A. Voysey und Louis Tiffany. Laien befaßten sich mit der Geschichte des Designs und kreierten als Hommage einen neuen Gestaltungsstil.

Die Postmoderne präsentierte sich als ein mit historischen und kulturellen Bezügen über-lagerter Modernismus. Diese Rückgriffe konnten reichlich schrill sein, wie der in Form eines

RECHTS OBEN **Frank Gehrys schlangenförmiger** *Wiggle Side Chair* **von 1972 aus laminiertem Karton lässt die Nähe zu den aufblasbaren oder aus Pappe gefertigten Möbeln der 60er Jahre erkennen.**
LINKS UNTEN **Reaktionen in den 70er Jahren auf den wilden und rebellierenden Wohnstil der vorangegangenen Dekade: zum einen radikales Anti-Design, zum anderen – wie dieser Wohn-bereich zeigt – der Hang zur konservativ sterilen Sicherheit.**

ionischen Kapitells gestaltete italienische Sessel *Capitello* aus dem Studio 65 (1972). Diskreter verlief die Annäherung der Stile in den 80er Jahren; man griff Vergangenes in Form von Zitaten auf – führend hierin die italienische Gruppe Memphis.

Die 70er Jahre erlebten einen Rückgriff auf frühere, verläßliche Ideale. Auslöser dafür war in vieler Hinsicht die aktuelle wirtschaftliche Situation. Die erste von mehreren Energiekrisen schlug 1973 zu, als die Mächtigen im Mittleren Osten ihre Muskeln spielen ließen und durch eine gezielte Rückhalte-taktik weltweit die Ölpreise in die Höhe trieben. Selbst im mächtigen Amerika griffen Arbeitslosigkeit, Rezession und ökonomische Unsicherheit um sich.

Plötzlich schien die Welt eine andere zu sein. Im Gegensatz zu den wilden 60er und frühen 70er Jahren, als die öffentliche Meinung zu Themen wie Bürgerrechte oder Vietnamkrieg von Protest und Widerstand geprägt war, machten sich nun Hilflosigkeit und Apathie breit.

Die Entwicklung der Postmoderne war zumindest teilweise eine Reaktion auf die Desillusionierung und allgemeine Verunsicherung in den 70er Jahren. Hier war ein Stil, der zu den Wurzeln des Designs zurückkehrte und ein Garant für Stabilität und guten Geschmack zu sein versprach.

Unmittelbar bevor die Postmoderne in den späten 70ern zum Durchbruch kam, gab die sogenannte Anti-Design-Bewegung aus Italien ein kurzes Intermezzo. Wie es die Objekte bestätigen, hielten die Designer eine gute Gestaltung nicht länger für machbar. Auf ihren klobigen Stühlen und den eckigen, scharfkantigen Sofas konnte man buchstäblich nicht sitzen. Trotz ihrer provokant-verrückten Ausrichtung kann man dieser Bewegung kaum ihre dekorativen und ironisch-humorvollen Qualitäten absprechen. Heute werden diese radikalen Zeugnisse des Designs eher wie Skulpturen, weniger als Möbel gesammelt.

OBEN **Das beliebte Flachdach der Modernisten wich in den 70ern allmählich den stufenartig abgesetzten Dachformationen, die dem Interieur eine verstärkt architektonische Komponente verliehen. Auch diese Raumgestaltung verrät die Handschrift des Architekten und seine Vorliebe für Holzdecken und Keramikfliesen. Naturtöne und kühle Erdfarben waren in den 70ern äußerst begehrt.**

Als Gegenpol zur Anti-Design-Bewegung etablierte sich in den 70er Jahren der High-Tech-Stil. High-Tech griff mit seinen zweckorientierten und beinahe industriell wirkenden Produkten auf die Grundprinzipien der frühen Moderne zurück. Die Jalousien waren aus Metall, die Fußböden aus Noppengummi, die Strahler an glänzenden Metallregalen festgeklemmt, alles in Primärfarben. Vordenker dieser ausgeprägt architektonischen Bewegung waren die renommierten britischen Architekten Michael und Patty Hopkins, Richard Rogers und Norman Foster.

Die meisten Interieurs aus den späten 70er Jahren strebten jedoch eine unverbrauchte und gemütliche Atmosphäre an und zeigten nur diskrete Anklänge an Postmoderne und High-Tech. Man ließ den Möbeln mehr Raum, und eine klare, weiße Raumgestaltung galt als Inbegriff von Stil. Antiquitäten wurden erneut eingegliedert, dieses Mal aber ohne jenen ironischen Unterton wie in der Dekade davor. Einen Ehrenplatz erhielten die modernen Klassiker des 20. Jahrhunderts: Stücke wie Charles Rennie Mackintoshs hochlehniger Eßstuhl *Hill House 1* oder Gerrit Rietvelds Stuhl *Red and Blue* als berühmtester Entwurf der De-Stijl-Bewegung.

Im England der 60er und fortgeschrittenen 70er Jahre war der beliebte Habitat-Katalog mit seinem noch erschwinglichen Angebot die Einrichtungsbibel schlechthin. Gegen Ende der Dekade trat dieser allerdings ein anderes

RECHTS OBEN **Die Moderne als Trendsetter der 70er Jahre. Ihr innovativer und revolutionärer Charakter war letztlich akzeptiert und gezähmt worden. Der Geschmack allein entschied, welche Stücke der Moderne zu Einrichtungsklassikern werden sollten. In diesem Interieur: die Chaiselongue *LC 4* von Le Corbusier und Charlotte Perriand und zwei *Wassily*-Sessel aus Stahlrohr – Stücke aus den 30er Jahren.**
MITTE **Hocker- und Stuhl-Sortiment von Anna Castelli Ferrieri aus dem Jahr 1979**

LINKS UNTEN **Fasziniert vom Kreis und seinen dreidimensionalen Variationen – der Kugel –, schuf Verner Panton in den 60er und 70er Jahren Stoffe, Möbel und seine auf dieser Form basierende *Panthella*-Lampe.**
UNTEN MITTE **Weiße Interieurs dokumentierten in den späten 70ern die Befreiung vom Farbenrausch der Jahre davor.**

ALS GEGENPOL ZUR ANTI-DESIGN-BEWEGUNG ETABLIERTE SICH IN DEN 70ER JAHREN DER HIGH-TECH-STIL. HIGH-TECH GRIFF MIT ZWECKORIENTIERTEN PRODUKTEN AUF DIE GRUNDPRINZIPIEN DER FRÜHEN MODERNE ZURÜCK.

Evangelium entgegen: der IKEA-Katalog, der eine zunehmend breitere Öffentlichkeit erreichte, nachdem die schwedische Firma in Deutschland und danach überall in Europa und Nordamerika Geschäfte eröffnete. In der klassischen Tradition der skandinavischen Moderne verhaftet, ließ sich mit den enorm preiswerten und formschön konzipierten IKEA-Möbeln ein Lebensgefühl verwirklichen, das bei vielen Leuten Anklang fand – ein Wohnstil, der bis auf den heutigen Tag gefragt ist.

ELEMENTE
des Modern-Retro-Looks

Modern Retro ist eine Spielwiese der Stile. Um ein entsprechendes Ambiente zu schaffen, ist eine gewisse Vertrautheit mit den Tendenzen, Stilrichtungen und Objekten der Moderne erforderlich. Dabei werden keineswegs nur Originale eingesetzt, selbst wenn es auf den ersten Blick so scheinen mag. Die meisten Liebhaber erwerben moderne Klassiker, diese können Reeditionen oder Originale sein. Sie treffen eine spezielle Auswahl und suchen nach einzigartigen und verlockenden Stücken – vielleicht dem Erstling eines unbekannten Designers oder einer Vase im Stil eines renommierten Keramikers, wenn auch ohne Signatur.

Neue, originäre und reedierte Stücke sind die Bausteine des Modern-Retro-Looks. Hier ein neues Sofa von Antonio Citterio für B&B Italia, kombiniert mit einem Original *LCW*-Stuhl und einer Imitation des *Surfboard*-Tischs von Charles and Ray Eames.

AUF DIESER SEITE **Authentische französische Möbel aus den 50er Jahren. Die** *Antony*-**Stühle, außergewöhnlich mit ihren lamellenartigen Oberflächen, und der Couchtisch sind Entwürfe Jean Prouvés. Die unterschiedlich gegliederte »Bibliothèque« stammt von Prouvé und Charlotte Perriand.**
RECHTE SEITE:
RECHTS OBEN **Eßtisch mit Stühlen von Robsjohn-Gibbings**
MITTE UNTEN **Jacobsens** *Serie-7*-**Stühle werden seit ihrer Einführung Mitte der 50er Jahre ununterbrochen produziert.**
RECHTS UNTEN **Obwohl man Charlotte Perriand heute hauptsächlich mit ihren frühen** *Modern chairs* **aus Stahlrohr verbindet, schuf sie auch Stücke mit ausgeprägt kunsthandwerklicher Note wie diese Stühle.**

Im Mittelpunkt der Modern-Retro-Interieurs stehen die Einrichtungsklassiker des 20. Jahrhunderts. Klar konzipierte zeitgemäße Möbelstücke, angefangen von den 20er Jahren bis heute, verbinden sich zu einem harmonischen Ganzen, sofern sie mit Überzeugung ausgewählt und kombiniert werden.

Möbel

Einige Stücke des Modern Retro waren vom ersten Tag an Klassiker, andere erst, nachdem sie wiederentdeckt und von Sammlern in ihr Interieur integriert wurden. Manche sind uns in den letzten Jahren sehr vertraut geworden, wie der 1956 erstmals produzierte *Eames Lounge chair 670* mit zugehöriger Ottomane (Fußschemel).

Es ist eine wundervolle Ironie, daß eines der führenden klassischen Möbelstücke des 20. Jahrhunderts ein bescheidener Kaffeehausstuhl ist, der Mitte des 19. Jahrhunderts aus Österreich kam: Gemeint ist der *Thonet Bentwood Chair*. In den 20er und 30ern und erneut in den 60er Jahren, als viktorianische Möbel zum Reizthema der Pop-Zeit wurden, verzauberte dieses elegante und stabile, aber zierliche Leichtgewicht alle Liebhaber von Design. Selbst heute noch läßt sich der Stuhl relativ preisgünstig ergattern, obwohl inzwischen so viele Variationen produziert wurden, daß einige nun zu den von Museen gesuchten Raritäten gehören und entsprechend teuer sind. Der Thonet-Bugholzstuhl war den frühen Modernisten reiche Inspirationsquelle. In den 20ern arbeitete sogar Marcel Breuer für das Haus Thonet. Mehrere seiner gebogenen Stahlrohr-Stühle sind nach wie vor Stars des modernen Kanons, wie etwa sein schlichter *Cesca Chair*, aus einem einzigen Stück Stahlrohr gefertigt, das Armlehnen, Sitzfläche und

freischwingende Basis bildet. Dieser Stuhl, ein Standardartikel der Habitat-Kataloge in den 60er und 70er Jahren, markiert den Punkt, an dem die Moderne ebenfalls verfügbar wurde. Dieses Stück war gezielt für die Massenproduktion entworfen – Breuers Intention war es immer, einer möglichst breiten Öffentlichkeit gutes Design zu liefern. Dennoch war in den 20ern die Technik für eine rasche Fertigung nicht fortgeschritten genug, so daß die Stühle buchstäblich von Hand gemacht werden mußten und folglich teuer waren. Erst in den 60er Jahren begann man den *Cesca Chair* in Serie herzustellen, womit er auch für den breiten Markt erschwinglich wurde.

Viele Klassiker aus der Zeit zwischen den Kriegen blieben exklusive und teure Stücke, denn sie wurden mit extremem Arbeitsaufwand hergestellt. Ein Beispiel ist der von Mies van der Rohe entworfene Stuhl für den deutschen Pavillon auf der Weltausstellung von Barcelona (1929). Mit seiner luxuriösen Lederpolsterung und dem glänzenden Stahlrahmen, wurde der *Barcelona*-Sessel später gleichgesetzt mit dem Ambiente

VIELE KLASSIKER AUS DER ZEIT ZWISCHEN DEN KRIEGEN BLIEBEN EXKLUSIVE UND TEURE STÜCKE, DENN SIE WURDEN MIT EXTREMEM ARBEITSAUFWAND AUS KOSTSPIELIGEM, HOCHWERTIGEM MATERIAL HERGESTELLT.

schicker Empfangsräume von Firmen und Entrées reicher Bungalows der 50er Jahre. Heute findet man ihn, dank der Beliebtheit des Modern-Retro-Looks erneut in diesen Bereichen.

In den 50er Jahren setzte eine fruchtbare und dauerhafte Zusammenarbeit zwischen Möbelfirmen und führenden Designern ein. In Amerika stehen dafür vor allem die beiden Unternehmen Herman Miller und Knoll International beispielhaft über allen anderen. Die renommiertesten Möbeldesigner jener Zeit, Charles und Ray Eames, belieferten Herman Miller mit Entwürfen, und in den USA hält die Firma noch immer die Rechte für ihre Stücke. Gemeinsam mit seiner Frau Ray gelang es Eames durch fortgesetzte Experimente mit Formationen aus gebogenem Schichtholz und Fiberglas die technologischen Möglichkeiten auszuweiten. Eßstühle und Sessel, Stapelstühle, Wandschirme, Schreibtische, Wohnwände – jedes ihrer Stücke hat heute höchsten Sammlerwert.

IN DEN 50ER JAHREN SETZTE EINE FRUCHTBARE UND ANHALTENDE ZUSAMMENARBEIT ZWISCHEN MÖBELFIRMEN UND FÜHRENDEN DESIGNERN EIN.

wieder kopiert. Seine *Slat Bench* aus dem Jahr davor erlebte in jüngster Zeit ein Comeback und ist in vielen heutigen Designerläden zu finden.

Auch Knoll International umgab sich mit einem illustren Kreis von Star-Designern, vorrangig Eero Saarinen und Harry Bertoia. Saarinen ist der Architekt des berühmtesten Airport-Gebäudes Amerikas, des TWA Terminals auf dem JFK-Flughafen in New York. Seine renommiertesten Stücke erwecken unverkennbar die Assoziation zum Fliegen: der *Tulip*-Sessel ebenso wie sein *Pedestal*-Tisch von 1957, der sich über einer konisch aufstrebenden Basis erhebt und zu schweben scheint. Bertoias bedeutendster Beitrag zur Periode war sein erfolgreicher *Diamond Chair* mit einer Drahtgitterstruktur.

Design-Direktor von Herman Miller war von 1946 bis Mitte der 60er Jahre George Nelson, einflußreicher Architekt und Gestalter, dessen Stücke zu den bekanntesten der Nachkriegsjahre zählen. Seine *Ball Wall Clock* von 1947 hatte ein eigenwilliges Zifferblatt mit kleinen angedrahteten Kugeln anstelle der Zahlen – ein Styling, das sich an den damals aktuellen atomaren Visionen orientierte – und wurde immer

LINKS OBEN Internationaler Design-Mix aus dem gelben *Coconut*-Stuhl des Amerikaners George Nelson, dem orangefarbenen *Svanen*-Zweisitzer des Dänen Arne Jacobsen, einem Kaffeetisch des Franzosen Paul Frankl und Glas, das vorwiegend aus Italien stammt **RECHTS OBEN Eine Skulptur** von Dennis Cummings erhebt sich über einer *Hilleplan*-Kommode von Robin Day.

Eine kühle Brise weht durch die Balkontür dieses Strandhauses aus den 30er Jahren. Das riesige *House of Cards* von Charles und Ray Eames läßt sich auf- und umbauen wie Bauklötzchen. Der *DAF*-Stuhl stammt aus George Nelsons *Swagged-Leg Group*. Der Besitzer dieses Wochenendhauses bleibt über sein einarmiges *Ericofon* mit der Außenwelt verbunden.

LINKE SEITE UND LINKS OBEN **Das kurzhaarige Kätzchen kuschelt sich in das flauschige Schaffell auf Hans Wegners** *Flag-Halyard*-**Sessel, einem Entwurf aus den frühen 50er Jahren. Das leichtgewichtige Modell besteht aus bemaltem und eloxiertem Stahlrohr und ist mit Flaggleine bespannt, einem Naturseil, das beim Hissen und Einziehen von Segeln eingesetzt wird.**
MITTE OBEN **Gußeisenpfeiler und Heizkörper dieses New Yorker Lofts ragen über einem Paar Sessel mit niedriger Rücklehne von Charlotte Perriand auf.**

IM ALLGEMEINEN GILT, DASS SICH GUTE MODERNE MÖBEL AUS DER ZEIT DER 20ER BIS 50ER JAHRE HARMONISCH MITEINANDER VERBINDEN.

Das skandinavische Möbeldesign der 50er wurde von Namen wie Hans Wegner, Finn Juhl und Arne Jacobsen beherrscht, ausnahmslos Dänen, die vorwiegend mit Teak arbeiteten. Dieses schöne, von den Philippinen importierte Holz, wurde unter den Händen der dänischen Künstler ganz neu definiert. Die als »Danish Modern« bezeichnete Bewegung war geprägt von organischen Linien und natürlichen Materialien. Und doch war der dänische Klassiker ein Stuhl aus gebogenem Schichtholz à la Eames: Arne Jacobsens *Serie-7*-Stuhl, auch als *3107* bekannt, und heute wie damals von der dänischen Möbelfirma Fritz Hansen hergestellt.

Im allgemeinen gilt, daß sich gutes modernes Mobiliar aus der Zeit der 20er bis 50er Jahre harmonisch miteinander verbindet, sofern es überzeugend kombiniert wird. Innerhalb dieser Zeitspanne zeichnet sich eine kontinuierliche Weiterentwicklung des Designs ab, angefangen mit den Lehrjahren zwischen den Kriegen bis zu den Errungenschaften der Nachkriegszeit. Im Lauf der 60er Jahre zeigten viele der einschlägigen Stücke zunehmend andere Formen und Mate-

RECHTS OBEN **Ein Ausschnitt von Perriands** *Chauffeuse-Japonaise*-**Sessel zeigt den abgewinkelten Rahmen, der das klobige, aber maßgearbeitete Rückenkissen umschließt.**
Die kompakten Formen eines Sortiments an Gefäßen aus Holz und Ton kontrastieren mit der offenen Struktur der Drahtgitterstühle von Bertoia.

MITTE OBEN **Ein französischer Stuhl à la Perriand aus den 30er Jahren ergänzt einen Tisch von Robsjohn Gibbings aus den 50ern. Die drei eigenartig abgewinkelten Tischbeine sind erstaunlich standfest und elegant.**

rialien und somit ein derart anderes Gesicht, daß die Kombination von Möbeln vor und nach 1960 in einem Raum nicht immer unproblematisch ist.

Der Polypropylen-Stuhl des britischen Designers Robin Day überbrückt diese Kluft erfolgreich. Das erstmals 1963 produzierte Stück, ein Musterbeispiel guten und preiswerten Designs, verzeichnet Verkaufszahlen wie kein anderer Stuhl in der Geschichte. Von dauerhafter Qualität, steht er zwischen der idealistischen Welt der Eames' und dem Wegwerfzeitalter aufblasbarer Plastikmöbel, Pappmodule und kaktusförmiger Kleiderständer.

In den 60er und 70er Jahren wurde Italien zur Hochburg des radikalen Designs. Die Designer schlossen sich zu Verbänden zusammen, veröffentlichten Manifeste und bombardierten das Publikum mit überzogenen und ausgeflippten Produkten. Die Gruppe Archizoom etwa griff in Verkennung der funktionalen Aspekte des Modernismus auf Elemente des Art déco, der Modern Movement und sogar des Kitschs der 50er Jahre zurück, um sie offensiv zu verfremden. Eine ihrer extremsten Kreationen war die »Wohnlandschaft« *Safari*: eine harte, polyestergefaßte Sitzgruppe, mit der Imitation eines Leopardenfells bezogen.

Dennoch waren solche Utopien nicht mehr als eine Marginalie. Das Haus oder die Wohnung des Normalverbrauchers zeigte sich in den 60er und 70er Jahren konventionell orien-

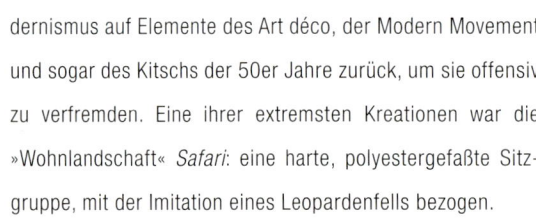

LINKS UNTEN **Der beinahe rechtwinklige Rahmen dieses französischen Sessels bietet dem lose eingehängten Sitzgeflecht aus interessant strukturierter Kordel den nötigen Halt.**
MITTE UNTEN **Stark reflektierende Oberflächen wie diese schwarze laminierte Platte des Noguchi-Tischs lassen die Objekte verfremdet erscheinen.**

Eine Gruppe Holzmöbel auf einem nahtlosen weißen Latexboden. Die Tagesliege ist ein Original von Aalto. Stehlampen im Stil der 30er Jahre runden das Bild ab.

RECHTS Die organisch geschwungene Form des großen Robsjohn-Gibbings-Tischs mit stufenartig abgesetzten Flächen war in den 50er Jahren sehr beliebt. Dahinter Arne Jacobsens Sessel *Svanen*, ein ganz ähnlicher Versuch zum Thema »organische Einheit«: Rücken, Seiten und Armstützen bestehen aus einem einzigen Stück.

LINKS OBEN **Ein Hängekorbstuhl von Nanna Ditzel über einem High-Tech-Noppenboden aus Kunststoff. Poul Kjaerholms** *PK22*-Stühle sind seit Mitte der 50er Jahre in Produktion.
LINKS UNTEN **Ein Satz Beistelltische, ein Liegesessel und ein Hocker – alles Entwürfe von Marcel Breuer, die in England in den 30er Jahren von der Firma Isokon produziert wurden.**

Die beiden Lehnsessel standen ursprünglich in einem der berühmten Häuser der Moderne in der Weißenhofsiedlung in Stuttgart; sie wurden nach England verschifft, als die Besitzer emigrierten. Der U-förmige *Penguin-Donkey*-Buchständer, ein Entwurf von Egon Riss aus den 30er Jahren für Penguin-Paperbacks, ist eine Reedition.

RECHTS OBEN Ein von Brancusi inspirierter Hocker neben einem gemuldeten Schichtholzstuhl mit hoher Lehne von Aalto
RECHTS MITTE Zahllose Gesichter blicken aus einem Bruce-McLean-Wandgemälde gelangweilt auf ein Sortiment von Retro-Stücken.
RECHTS UNTEN Eine Plastik-Sitzschale von Eames

AUF DIESER SEITE **Der Fiberglas-Schaukelstuhl von Eames mit Armlehne wurde von Herman Miller zwischen 1950 und 1968 verkauft und in den darauffolgenden vierzehn Jahren als Präsent an die Angestellten vergeben, die Nachwuchs erwarteten. Die Papierlampe mit spindeldürren Beinen ist eine Noguchi-Reedition.**
RECHTE SEITE:
LINKS OBEN **In diesem Apartment in New York wurden Büro-Möbel von Knoll aus den 50er Jahren in einen häuslichen Rahmen integriert. Der FarbenMix, der an das Design eines großen Dekostoffs erinnert, bildet einen wirkungsvollen Hintergrund.**
LINKS MITTE **Dieser Sammler verrät seine Vorliebe für britisches Nachkriegsdesign; unverkennbar die Robin-Day-Kommode und der Stuhl mit flügelartigen Armlehnen, entworfen für die Eröffnung der Royal Festival Hall in London (1951).**
MITTE **Mit Sitzen aus Weidengeflecht über dünnen Metallbeinen vermitteln diese Barhocker das Flair der 50er Jahre.**
RECHTS OBEN **Nichts verkörpert das Raumfahrtzeitalter mehr als transparentes Mobiliar wie dieser Stuhl aus der *Invisible Group*, der bei Laverne International zwischen 1957 und den frühen 70er Jahren produziert wurde.**
RECHTS UNTEN **Erdfarben dominieren in einer Londoner Wohnung, ausgestattet mit einem Barschrank aus Rosenholz und einem Drehstuhl aus der *Soft Pad Group* von Eames.**

BEGEHRTE MÖBELSTÜCKE DER SPÄTEN 60ER UND 70ER JAHRE ERZIELEN AUF DEN AUKTIONEN UND IN DEN GALERIEN MODERNER AUSSTELLER INZWISCHEN HORRENDE PREISE.

tiert. Wer heute Stücke aus dieser Zeit sammelt, betritt eine bizarre Welt voller Exotik. Warum soll man auf einem traditionellen Sofa sitzen, wenn heute die Möglichkeit besteht, das »außerirdische« *Djinn*-Sofa von Olivier Mourgue zu erwerben, das man seit Stanley Kubricks Filmepos *2001: Odysee im Weltraum* (1968) kennt? Die Welt des Geschmacks hat sich mit einem Ruck verschoben, so daß diese phantastischen Möbelstücke der späten 60er und 70er Jahre auf den Auktionen und in den Galerien moderner Ausssteller inzwischen horrende Preise erzielen.

LINKS Tief, dunkel und opulent: der Garderoben-
schrank, ein Familienerbstück, beherrscht das Bild
dieser Ecke. Der *Time-Life*-Hocker von Eames wirkt
auf dem glänzenden Dielenboden wie eine riesige
Schachfigur. Das 1960 kreierte Stück, eines von vier
erhältlichen Varianten, kann als Sitz oder niedriger
Tisch dienen. Der ursprünglich aus massivem Nuss-
baumholz hergestellte Stuhl wird noch immer produziert, besteht aber inzwischen aus mehreren lami-
nierten Holzteilen, die zusammengesteckt werden.
UNTEN Sitzlandschaften in unterschiedlichen Höhen-
formationen waren in den 60er und frühen 70er
Jahren ein brandheißes Thema; sie versprachen
Entspannung in jeder nur erdenklichen Position.
Das *Contour*-Sofa von De Sede steht hier vor einer
eingebauten Wohnwand. Die perforierten Elemente
enthalten eine Klimaanlage, unten rechts eine Laut-
sprechereinheit.
RECHTS Das langgestreckte *Forum*-Sofa von Robin
Day mit herrlich ausgesessenen Lederkissen unter
einer Fensterfront in einem Haus der 70er Jahre in
London. Der *AX*-Stuhl ist ein dänischer Entwurf von
Peter Hvidt und Orla Molgarrd-Nielsen von 1950.

RECHTS *Bubble Lamps* von Nelson wirken wie leuchtende Ballons, die durch die Räume schweben.
GANZ RECHTS Eine zeitgemäße Lampe mit Retro-Flair reicht fast bis zum Stuckfries in der Ecke einer Galerie, die sich im Ballsaal einer ehemaligen Botschaft in London befindet.

Beleuchtung

Als verbindendes Element des Modern-Retro-Looks bietet das Licht ungeahnte Gestaltungsmöglichkeiten. Die Designer der Moderne haben ein breites Spektrum an Lampen geschaffen, von der effizienten Beleuchtung der Werkbank bis zu romantischen Effekten, von der klassischen Anglepoise-Schreibtischlampe bis zu Castiglionis aufsteigendem Arco.

In den 20er Jahren war elektrischer Strom erstmals keine Kostenfrage mehr. Kaum ein Haushalt, der diese Annehmlichkeit nicht genutzt hätte, womit dem Markt für die Produktion neuer Elektrogeräte alle Türen geöffnet wurden. Mit der Elektrizität wandelten sich die Lebensmodalitäten. Bei der Raumplanung eines Hauses boten sich weit größere Freiheiten, da elektrisches Licht überall, selbst in der dunkelsten Ecke, installiert werden konnte. Sitzbereiche mußten sich nicht länger um die verfügbare Licht- oder Wärmequelle drängen – Elektrizität öffnete die Räume.

In der neuen, unvergleichlichen Helligkeit des elektrischen Lichts erschienen die Dinge flach und konturenlos. Möbel aus der Zeit des Art déco und der frühen Moderne versuchten diesem Manko durch glänzende Materialien abzuhelfen, so etwa durch glänzende Lacke auf Schwarz und chinesisch Rot, die unter elektrischem Licht wie Edelsteine leuchteten. Gleichermaßen funkelnd erschienen die bevorzugten Chrom- und Glasflächen der Modernisten. Und doch hätte der Unterschied zwischen der Beleuchtung des Art déco und der Moderne

RECHTE SEITE
LINKS **Drei Lampentypen in einem Modern-Retro-Wohnbereich: ein Tischmodell von Philips aus den frühen 50er Jahren, eine schalenförmige Wandleuchte aus Lochblech und eine elegante Stehlampe von John und Sylvia Reid**
RECHTS OBEN **Eine afrikanische Maske scheint wie ein Gott über dieser Ecke im Déco-Retro-Stil zu wachen. Die amerikanische Lampe mit gespreiztem hölzernen Ständer erhebt sich neben einem französischen Art déco-Sofa mit messingbeschlagenen Füßen. Der Tisch besteht aus Makassar-, das Sofa aus Rosenholz.**

nicht krasser sein können. Art déco favorisierte die in den 20er und 30er Jahren überaus beliebten Deckenfluter – als Bodenlampen und fackelartige *torchères* in verschiedenen Formen erhältlich, von klassischen Säulen bis zur berühmten langgezogenen Bronzeschlange von Edgar-William Brandt, die auf ihrem Schwanz zu stehen schien. Dem Interesse der Modernisten an Technik und Material entsprangen innovative Design-Ideen wie die *Anglepoise*-Schreibtischlampe des englischen Ingenieurs George Carwardine von 1932, die später von der norwegischen Firma Luxo hergestellt wurde. Die *Anglepoise* ist noch immer in Produktion.

Nach dem Zweiten Weltkrieg dominierten die Vereinigten Staaten, Schweden und Italien den Bereich des Licht-Designs. Führende erfolgreiche Architekten und Möbeldesigner konzentrierten sich nun ganz auf die Beleuchtung. Unablässig kamen neue innovative Formen auf den Markt, die dazu aufforderten, das Gestaltungselement Licht kreativ einzusetzen.

Dem Designer George Nelson und seinem japanischen Kollegen Isamu Noguchi verdanken wir eines der erfolgreichsten Lampenschirm-Modelle. 1952 begann die Firma Howard Miller mit der Produktion von Nelsons *Bubble*-Schirm, einer festen Plastikhaut, die über einen in unterschiedlichen organischen Formen erhältlichen Drahtrahmen gespannt war. Im selben Jahr besann sich Noguchi auf sein japanisches Erbe und brachte mit Knoll International die erste einer Serie von *Akari*-Lampenschirmen heraus, zierliche Gebilde aus handgeschöpftem Papier. Inspiriert von den zwiebelartig gerippten Formen beider Designer produzierten Firmen wie das britische Unternehmen Rotaflex im Handumdrehen eine Reihe ähnlicher Schirme nach Entwürfen von John und Sylvia Reid. In den 60er Jahren, als der Einfluß des Fernen Ostens sich im Westen unverkennbar niederschlug, wurde der traditionelle japanische Papierlampion allgemein als preiswerte Alternative zu Designerlampen begrüßt; seine Popularität ist seither ungebrochen.

Nelsons und Noguchis Lampenschirme haben im Modern-Retro-Interieur ihren festen Platz, und inzwischen werden auch neue pro-

LINKS OBEN **Eine Deckenleuchte aus dem »Sputnik-Zeitalter«**
LINKS UNTEN **Eine italienische Glaslampe in Pilzform auf einem *Quadraflex*-Lautsprecher aus dem Jahr 1956 von Charles Eames**

LINKS **Zwei verstellbare Stehlampen unterstreichen die
kühle Ausstrahlung des weißen
Raums, der mit begehrten
Sammlerstücken aus den
Fifties möbliert ist. Die Lampe
mit den zylinderförmigen Loch-
blech-Schirmen wurde von John
und Sylvia Reid für die britische
Leuchtenfirma Rotaflex entworfen. In der Ecke ein elegantes
Kommodensystem von Frank
Guille.**
RECHTS **Fundgrube Flohmarkt:
gekonnt kombinierte Einzelstücke, von einer Werkslampe
beleuchtet**

duziert. Viele Lampen aus dem gleichen Jahrzehnt, wie die
PH-Serie des Dänen Poul Henningsen, waren jedoch nie außer
Produktion. Henningsen arbeitete für den Lampenhersteller
Louis Poulsen und war für den Entwurf der berühmten Deckenleuchte *PH5 Pendant* von 1958 verantwortlich. Es war eine
dem Zeitgeschmack entsprechende Neuauflage seiner *PH*-
Tischlampe von 1933 und bestand aus verschachtelten be-
malten Aluminiumschalen, die die Glühbirne kaschierten, während sie das Licht reflektierten und so verhinderten, daß das
Auge geblendet wurde. Henningsen entwickelte auch eine
spektakuläre Zapfenversion, ein Aufbau aus einander über-
lappenden Metallblättern, zutreffend als *Artischocke* bezeichnet.

Die Italiener brachten ihren Sinn für skulpturale Effekte ein.
In den Nachkriegsjahren entwarf Gino Sarfatti beinahe sämtliche Modelle für seine Firma Arteluce. Im Design von Sar-
fattis Lampen drückt sich ein zugleich praktisches und unmit-
telbares Gestaltungskonzept aus, wie man es eher von einem
Ingenieur für Flugzeugbau erwartet. Seine Stehleuchte *P 600*
von 1966 beispielsweise erinnert an die Arbeitslampe eines
Mechanikers auf einem Ledersockel, ebenso stabil wie ver-
stellbar in jedem nur erdenklichen Beleuchtungswinkel.

LINKS OBEN Emaillierte Metallscheiben bilden den Schirm dieser französischen Stehlampe – Op-Art der 60er. Der große *Lady*-Lehnsessel von Marco Zanuso ist eine Reedition, ebenso der kleinere schalenförmige *Sitzgeiststuhl*, ein ursprünglich aus Holz gearbeiteter Entwurf von Heinz Rasch aus dem Jahr 1927.
LINKS UNTEN Ein Lampenschirm aus Blütenblättern, inspiriert von der Flower-Power-Bewegung des Hippie-Zeitalters
AUF DIESER SEITE Schlichtheit und Theatralik. Die Stehlampe, entworfen von einem Italiener, ist eine Funktionslampe mit nackter Birne an einer Metallstange, die Eckbeleuchtung eine funkelnde Komposition aus Glitter-Konfekt aus der Serie *Fun Lamp* von Verner Panton aus der Mitte der 60er Jahre.
RECHTE SEITE
MITTE OBEN Ein Japanballon von Noguchi verleiht diesem Schlafzimmer einen Touch von fernöstlichem Minimalismus.
RECHTS OBEN Gedämpftes Licht fällt durch einen Vorhang aus Plastikscheiben an einem Badezimmerfenster.
MITTE UNTEN Ein Ausschnitt aus Pantons Muschelplättchen-Lampe, glitzernd und klirrend wie ein Windspiel
RECHTS UNTEN Die Strahlen einer spiegelnden Kugel erzeugen psychedelische Lichteffekte.

Sarfatti verkaufte Arteluce in den 70er Jahren an seinen Konkurrenten, den italienischen Lampenhersteller Flos. Flos konnte die einschlägigsten Namen der Architektur- und Designszene auf sich vereinen, darunter Stars wie Achille und Pier Giacomo Castiglioni. Die beiden Brüder entwarfen eine Vielzahl klassischer Lampen, einschließlich der Stehleuchte *Luminator* von 1954 mit einer am Ende eines langen Metallrohrs auf einem Dreifuß angebrachten Glühbirne sowie auch die Bogenleuchte *Arco* von 1962.

In den ausgehenden 60er und 70er Jahren war solides Design oft mit den witzigen und respektlosen Komponenten von Pop-Art und Anti-Design durchsetzt. Die Italiener führten im Bereich Beleuchtung weiterhin das Feld an. Hypermoderne Erzeugnisse wie der *Ultrafragola*-Spiegel von Ettore Sottsas kamen auf den Markt.

Die 70er Jahre brachten mit der Niedervolt-Halogenleuchte ein ganz neues Beleuchtungssystem. Das Licht der winzigen weißen Halogen-Birnen – ursprünglich als Beleuchtung für Geschäfts- und Ausstellungsräume eingesetzt – ist so hell,

DER HERSTELLER FLOS KONNTE DIE EINSCHLÄGIGSTEN NAMEN DER ARCHITEKTUR- UND DESIGNSZENE AUF SICH VEREINEN, DARUNTER STARS WIE ACHILLE UND PIER GIACOMO CASTIGLIONI.

daß es fast ausschließlich im Hintergrund oder als Punktstrahler verwendet wird. Die zweifellos berühmteste Fassung für den Gebrauch dieser Halogen-Birne war auch eine der ersten – die *Tizio*-Schreib- und Tischlampe, 1970 von Richard Sapper entworfen und von der italienischen Firma Artemide hergestellt. Mit der perfekten Verteilung ihrer Gewichte, die eine präzise Austarierung ermöglicht, wurde diese Lampe über Nacht zum Klassiker.

OBEN LINKS **Ein Set Glaslampenschirme aus der Produktion von Venini, entworfen von Massimo Vignelli; darunter ein handgearbeiteter Schirm, passend zu einem Originalfuß aus dickwandigem italienischem Glas**
OBEN RECHTS **Leuchten von Piero Gilardi aus dem Jahr 1967**
MITTE UNTEN **Jedes Stück zeigt die Handschrift der dänischen Designerin Nanna Ditzel.**
RECHTE SEITE
OBEN LINKS **Poul Hennigsens *PH5-Pendant*-Deckenlampe**
LINKS UNTEN **Pantons elegante *Panthella*-Lampe**
RECHTS **Eine Lampe aus den 50er Jahren**

LINKS UND RECHTS **Ein Teppich verbindet eine Gruppe von Möbeln. Die Besitzer dieses Hauses in London haben diesen Teppich eigens in Auftrag gegeben, passend zur Art-déco-Einrichtung. Das Muster ist typisch für das Ambiente der 30er Jahre: Linien in abstrakter Formation im Stil so bekannter Textil-Designerinnen wie Marion Dorn und Evelyn Wild.**

Stoffe können eine wahre Leidenschaft sein. Ein Stuhl mag durch seine skulpturale Schönheit bestechen, aber Stoffe wollen angefaßt werden. Und mit ihren eigewebten oder aufgedruckten Mustern fordern sie nicht weniger Aufmerksamkeit als ein Gemälde, das durch eine gelungene Komposition und brillante Farben besticht.

Teppiche und Stoffe

Seltsamerweise gelten Dekorationsstoffe und Teppiche oft als die »armen Verwandten« der größeren Einrichtungsgegenstände. Dennoch gibt es eine Reihe berühmter Designer, die innovative Stoffmuster und Teppiche entwarfen, wie das 1925 auf der Exposition Internationale des Arts Décoratifs in Paris ausgestellte Sortiment beweist. Die beliebtesten Motive waren abstrakt oder stilisiert. Dank neuer maschineller Produktionsverfahren eroberten die geometrischen Muster bald schon den Markt, der bisher von der Vorliebe für florale Muster beherrscht wurde. Das Bauhaus leistete einen entscheidenden Beitrag zur Förderung von Textil-Design und -werkstätten. Walter Gropius, Bauhaus-Direktor von 1919 bis 1928, dekorierte sein Büro mit einem großen Teppich und einem Wandbehang in flächigen geometrischen Mustern. Einige Absolventen der Bauhaus-Schule wie Anni Albers und Lena Bergner machten als einflußreiche Stoff-Designer Karriere.

Der neue Trend zu abstrakten Mustern, die sich an der Formensprache von Art déco und Bauhaus orientierten, leitete in den 30er Jahren einen Textil-Boom ein, der bis in die 60er Jahre anhielt. Diese Stoffe, die meist auf großen mechanischen Webstühlen gewirkt wurden, haben die lang anhaltende Vorliebe für gleichmäßig wiederkehrende abstrakte Strukturen und Muster maßgeblich gefördert. An Materialien wurden Seide, Nylon, Leinen und Wolle verarbeitet.

Der wirtschaftliche Einbruch in den 30er Jahren trieb die Materialkosten in die Höhe; mit der Einführung der neuen, billigen Synthetikfaser Rayon entstand im Bereich Raumtextilien jedoch ein ganz neuer Look. Rayon hatte einen seidenen Glanz, der bei elektrischem Licht schimmerte; außerdem ließ sich das Material leicht einfärben. Auch die Farben wurden in dieser Zeit besser; sie verblassten nicht mehr so schnell und rieben sich weniger ab. Nach dem Zweiten Weltkrieg kamen neue Synthetikgarne für Raumtextilien auf den Markt, darunter Acryl, Polyester, Acetat und – von größtem Einfluß für das Interieur der 50er Jahre – die Vinylfasern.

DER NEUE TREND ZU ABSTRAKTEN, AN DER FORMENSPRACHE VON ART DÉCO UND BAUHAUS ORIENTIERTEN MUSTERN, LEITETE IN DEN 30ER JAHREN EINEN WAHREN TEXTIL-BOOM EIN.

LINKS OBEN **Stoff-Design mit Körben, Vögeln und Schalen, die wie Drahtskulpturen anmuten. Ein Entwurf von Marian Mahler, von der Textilfirma David Whitehead Fabrics 1953 produziert.**
OBEN **Dieser Baumwolldruck von Mahler war vom beliebtesten Stoff-Design der 50er Jahre inspiriert:** *Calyx* **von Lucienne Day.**
RECHTE SEITE
LINKS UNTEN *Haddon*, **entworfen von Maj Nillson für die Textilfirma David Whitehead**
RECHTS **Die Wellenlinien eines Radarschirms standen Modell für dieses Muster aus den 50ern.**

LINKE SEITE
LINKS In einem Apartment
in New York, entworfen von
der Architektengruppe The
Moderns, finden sich mehrere
neue Stoffe von Judy Ross,
inspiriert vom Stil der Jahr-
hundertmitte; vor dem Fenster
ein Aluminium-Paravent.
RECHTS OBEN Eine Kommode von
George Nelson aus den 50er
Jahren; der handgeknüpfte
Teppich ist von Judy Ross.
RECHTS UNTEN UND AUF DIESER
SEITE LINKS Dieses Design von
Ross zeigt Anklänge an die
verschachtelten Muster
Frank Lloyd Wrights.
RECHTS UNTEN Kissen und Bett-
überwurf mit großflächigen ab-
strakten Mustern

In den 50er Jahren wurden die Farben zwar leuchtender als zuvor, man beschränkte sich aber notgedrungen in jeder Kollektion auf wenige Töne – eine Folge der desolaten Wirtschaftslage vieler Länder nach dem Zweiten Weltkrieg. In Amerika jedoch galt eine begrenzte Farbpalette vielmehr als besonders modisch und richtungweisend. Gefragt waren Muster auf teilweise unbedrucktem Grund, der wie das Papier unter einer Federzeichnung durchschien. Führende Textil-Designer wie Ray Eames kultivierten diesen Stil bis zur Vollendung.

Bedruckte Baumwollstoffe mit zunehmend wilderen Mustern erlebten in den 60er Jahren als vielseitig einsetzbare Wohntextilien ein wahres Comeback. Unter dem Einfluß von Pop-Künstlern wie Andy Warhol erschienen Stoffe mit groß-flächigen, aber auch beliebten floralen Mustern. Mode-schöpfer wie Christian Dior und Mary Quant entdeckten den Marktsektor Stoff und entwarfen ihre eigene Wäschekollek-tion für Bett und Bad. Zu den erfolgreichsten internationalen Herstellern gehörte die finnische Firma Marimekko, die mit Top-Designern wie Vuokko Nurmesniemi und Maija Isola die Strömungen der Pop-Mode aufgriff.

Original Modern-Retro-Stoffe lassen sich nur schwer auf-treiben. Einige haben natürlich überlebt, aber durch den täg-lichen Gebrauch waren Teppiche, Kissen und Bezugsstoffe teilweise so stark strapaziert oder verblichen, daß sie irgend-wann ersetzt wurden. Eine Alternative sind neue Stoffe, die sich im Stil dem Modern-Retro-Interieur anpassen. Große Textilfirmen wie Schumacher und Sanderson haben noch immer eine beschränkte Auswahl früherer Designs im Pro-gramm. Und da sich der Retro-Stil inzwischen etabliert hat, entwerfen die heutigen Designer erneut von der Moderne in-

SEITDEM MODERN-RETRO-TEXTILIEN UND -TEPPICHE WIEDER SEHR BEGEHRT SIND, HÄNGEN VIELE SAMMLER IHRE ERRUNGENSCHAFTEN AUF WIE WAND-TEPPICHE ODER GEMÄLDE.

LINKS OBEN **Die Wiener Designerin Jacqueline Groag arbeitete jahre-lang mit der Wiener Werkstätte, bevor sie nach England übersiedelte und exquisite Textilentwürfe wie diesen von 1952 schuf.**
LINKS UNTEN **Kissen in kühlen Blau- und Beigetönen für** *Heal's* **von Barbara Brown aus den 60er Jahren**
RECHTS **Ein Groag-Kissen auf einem Sofa, bedeckt mit** *Mourne Chec,* **einem handgewebten Tweed-Plaid aus Baumwoll-Flachs von dem in Irland lebenden norwegischen Star-Designer Gerd Hay-Edie**

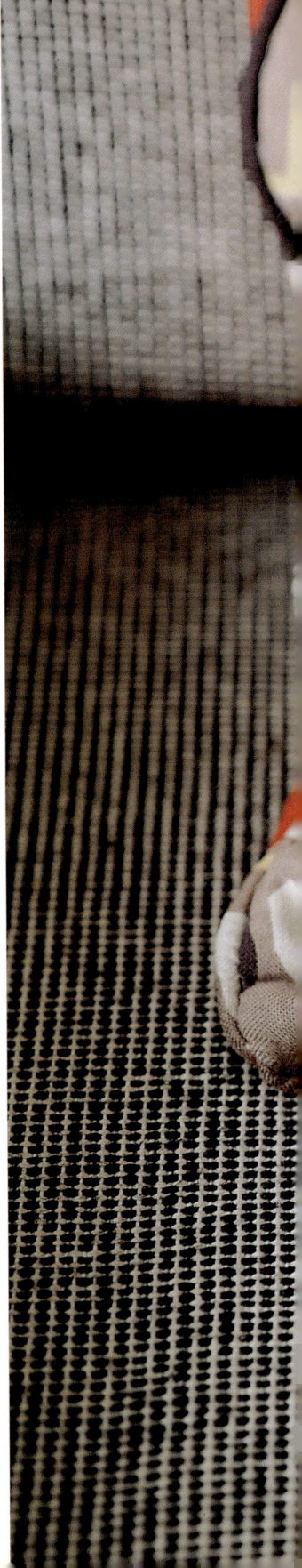

OBEN **Ein runder Teppich im Pop-Art-Design, der Verner Panton zugeschrieben wird. Der *Egg Chair* mit Ottomane ist ein Klassiker von Arne Jacobsen aus dem Jahr 1958.**

spirierte Stoffe. Eingefleischte Liebhaber des Looks haben bisweilen sogar Stoffe aus den ursprünglich verwendeten Materialien mit authentischen Mustern durchwoben oder bedruckt – eine kostspielige, aber besonders schöne Sache.

Seitdem Modern-Retro-Stoffe und -Teppiche, insbesondere Entwürfe bekannter Namen wie Eileen Gray, Ray Eames und Lucienne Day, wieder sehr gefragt sind, hängen viele Sammler ihre Errungenschaften auf wie Wandteppiche oder Gemälde. So lassen sich die wertvollen Objekte bewundern, ohne unnötig strapaziert zu werden.

Bedenkt man, daß das Credo der frühen Moderne Nützlichkeit und Funktionalität hieß, so ist es geradezu grotesk, daß viele der bedeutendsten Glasobjekte des 20. Jahrhunderts rein dekorativer Natur sind. Man betrachte nur Ingeborg Lundins 1957

LINKS **Die Fifties: Glasflasche und Vase von Venini passen in Farbe und Stil zu den Stahlfronten eines Kommodenelements von George Nelson.** OBEN **Tief eingeschnitten mit klaren Konturen und schwerer Basis - eine wirkungsvolle Kombination italienischer Glasvasen und Schalen**

RECHTE SEITE **Schalen und Vasen, entworfen von Barnaby Powell, produziert von James Powell & Sons of Whitefriars zwischen 1932 und 1940**

für die schwedische Firma Orrefors entworfene *Apple*-Vasen. Blasenförmige Gebilde mit so winziger Öffnung, daß diese schönen Stücke höchstens eine einzige Blume aufnehmen, innen aber unmöglich je gereinigt werden können. Glas als Kunstwerk – einzig und allein zum Bewundern.

Zwei ganz unterschiedliche Ansätze der Glasmanufaktur behaupteten sich in den 20er und 30er Jahren parallel. Der eine ornamental, der andere auf Klarheit ausgerichtet. Als hervorragender Vertreter der ornamentalen Glaskunst gilt der französische Designer René Lalique. Um 1920 war Lalique mit seinen fragilen Entwürfen im Art-nouveau-Stil zu Weltruhm gekommen. Er investierte in moderne Produktionsmethoden, ein industrielles Glaspreß-Verfahren für reliefartig erhabene Strukturen, um rasch auch auf die schwereren und dickwandigeren Formen der Art déco einzuschwenken.

Objekte aus Glas gehören zu den heißbegehrten Stücken eines Modern-Retro-Interieurs. In Gestalt, Farbe und Form reicht das Spektrum von zierlich-zarten bis zu extrem scharfkantigen Entwürfen. Seltene Designerstücke können heute extrem teuer sein, aber noch ist ein breites Sortiment seriengefertigter Modern-Retro-Glaswaren zu finden, darunter begehrte Sammlerstücke.

Glas

Weitaus schlichter im Erscheinungsbild waren die für den Gebrauch bestimmten Glaswaren, wie die Kaffeekannen und Teeservice des Bauhaus-Schülers Wilhelm Wagenfeld. Die elegante Geradlinigkeit und Funktionalität dieser Stücke wirkte sich schon bald auch auf die Entwicklung im Bereich der Glaskunst aus. Beispielhaft dafür steht Alvar Aaltos *Savoy*-Vase von 1936. Auf dem Prinzip der reinen Form aufbauend, ohne alle Finessen der Glasbläser- und Schliffkunst, besticht dieses Modell allein durch seine Wellenform, die, so nimmt man an, von den gefrorenen Seen Finnlands, der Heimat des Designers, inspiriert ist. *Savoy* hat fast schon Fetischcharakter im Modern-Retro-Interieur.

Einige skandinavische Glaskünstler ließen sich von der bewußten Schlichtheit, den organischen Formen und dem abstrakten Vokabular Alvar Aaltos inspirieren, und die skandinavischen Glasmanufakturen, darunter zahlreiche Traditionsbetriebe, sahen darin plötzlich neue Perspektiven. Gefeierte skandinavische Glas-Designer wie Kaj Franck und Timo Sarpaneva arbeiteten für verschiedene Firmen – Nuutajärvi, Orrefors, Kosta Boda –, und jeder drückten sie ihren individuellen Stempel auf. Ein weiterer skandinavischer Star-Designer war Tapio Wirkkala, der 1946 zunächst für die Finnische Glashütte Iittala arbeitete und seine an schmelzende Eisklumpen erinnernden *Kanttarelli*-Vasen von virtuos frei fließender Form entwarf. Obwohl Wirkkala bei Iittala

OBEN **Stundenglas-Formen waren im Design der 50er Jahre der letzte Schrei, von Lampenschirmen bis zur knabenhaften H-Linie der Damenkostüme des Modeschöpfers Christian Dior.** UNTEN **Ein preiswertes und fröhliches Trinkglas aus den Fifties. Blätter und andere Naturmotive waren seinerzeit auch auf Tapeten und Stoffen beliebt.**

EINIGE SKANDINAVISCHE GLASKÜNSTLER LIESSEN SICH VON DER BEWUSS-TEN SCHLICHTHEIT, DEN ORGANISCHEN FORMEN UND DEM ABSTRAKTEN VOKABULAR ALVAR AALTOS INSPIRIEREN, UND DIE SKANDINAVISCHEN GLAS-MANUFAKTUREN SAHEN DARIN PLÖTZLICH NEUE PERSPEKTIVEN.

LINKE SEITE
LINKS **Ein Arrangement europäischer und skandinavischer Glasobjekte auf der Glasplatte eines Tischs aus den frühen Fifties. Die Platte ist mit Stahlrohr eingefaßt und liegt auf Gummipfropfen auf.**
OBEN **Die beiden kleinsten dieser Glasflaschen stammen aus der dänischen Glasmanufaktur Holmegaard.**
UNTEN **Die Zerbrechlichkeit von Glas macht seinen Reiz aus, selbst bei preiswerteren Stücken.**

blieb, bis er 1985 starb, waren seine Entwürfe für das deutsche Unternehmen Rosenthal und auch für Venini in Italien gleichermaßen erfolgreich. Auch heute noch können Modern-Retro-Fans ihr Sideboard ohne weiteres mit einem enorm preisgünstigen original Wirkkala-Designerglas von 1966 schmücken, indem sie sich einfach eine Flasche Finnlandia-Wodka kaufen.

Bis Mitte der 60er Jahre standen Vasen, Schalen, Trinkgläser und Karaffen aus Finnland, Dänemark und Schweden in der Sammlergunst ganz oben. Was skandinavische Glaswaren auszeichnete, war ihr geradezu klassisches Design in bester handwerklicher Verarbeitung.

DAS ITALIENISCHE GLAS-DESIGN WAR IN SEINER UNGEHEUER ANSPRECHENDEN ERSCHEINUNG UND DEN LEUCHTENDEN FARBEN GRUNDVERSCHIEDEN VON DEN ARBEITEN SKANDINAVISCHER GLAS-BLÄSER.

In den 50er Jahren gab es unter den Glasfabrikanten in den Vereinigten Staaten oder auch in England die Tendenz, den skandinavischen Stil zu kopieren. So produzierte die Londoner Glasmanufaktur Whitefriars riesige Mengen farbenprächtiger Glaswaren nach dem Vorbild der skandinavischen Moderne, und obgleich diese Stücke heute großes Sammlerinteresse erregen, sind sie noch zu vernünftigen Preisen erhältlich. Wer mag, kann sich also gleich mehrere davon zulegen.

Eine Konkurrenz für die aufstrebende Entwicklung der skandinavischen Glasproduktion stellte der erneute Aufschwung des italienischen Glas-Designs dar, das in seiner ungeheuer ansprechenden Erscheinung und den leuchtenden Farben grundverschieden von den Arbeiten skandinavischer Glasbläser war. Traditionell produzierte *Pezzato*-Vasen von Designern wie Fulvio Bianconi und Ercole Barovier entstanden in den 30ern: Glas wird erst zerstoßen und dann in Form gegossen. Heute sind diese Objekte sehr gesucht und kosten ein kleines Vermögen.

MITTE **Inspiriert vom skandina-vischen Design der 50er und 60er Jahre: die** *Relief*-**Reihe von Jonathan Adler**
RECHTS OBEN **Handgearbeitete Gefäße aus Adlers** *Couture*-**Reihe.**
RECHTS MITTE **Ein Eßtisch von John und Sylvia Reid mit Tafel-geschirr von Russel Wright**
RECHTE SEITE **Markante Muster auf neuen Keramiken und Originalen. Im Vordergrund zwei Lampenfüße der franzö-sischen Firma Primavera aus den 20er Jahren. Dahinter eine Vase aus den 30ern von Besnard und ein Gefäß von J. Adler. Die flache, matt glasierte Schale stammt von dem schwedischen Töpfer Carl Harry Stålhane.**

Keramik

In der Welt der Modern-Retro-Keramiken hat das fein bemalte Porzellan eines chinesischen Teeservices ebenso seinen Platz wie der unglasierte handgearbeitete Tontopf. Ähnlich den Glas-objekten spielt die Keramik im Modern-Retro-Interieur die unterschiedlichsten Rollen.

Der bedeutende Stellenwert, den Keramik im Programm der Moderne der frühen 20er Jahre einnahm, erklärt sich aus ihrer Rolle bei der Gestaltung einer neuen sozialästhetischen Ord-nung mittels Design. Heute erzielen Stücke aus dem Kreis der Designergruppe russischer Kon-struktivisten und des VKhUTEMAS (Höhere Staatliche Künstlerische und Technische Werkstätte), einer Art russischem Bauhaus, Preise in astronomischer Höhe. Die leuchtenden Farben, wilden Formen und Muster der Keramiken des Russen Kasimir Malevich flossen jedoch bald schon weltweit in die Serienproduktion von Keramik ein – zur großen Freude der Sammler, die sie heute in ihrem Retro-Interieur ausstellen.

Clarice Cliff war nachhaltig vom Stil dieser radikalen Künstler inspiriert. *Bizarre* nannte sie ihre Linie einer farben-frohen Keramikserie, in der sich ihr Hang zu anarchischen Strukturen spiegelt. Für weite Kreise sind ihre Kreationen und die ihrer Zeitgenossin Susie Cooper der Inbegriff des Art déco.

Gleichermaßen beliebt, wenn nicht gar beliebter sind die schlichten, eckigen Formen und kühlen Farben der Stücke so gefeierter Keramiker wie des Neuseeländers Keith Murray für Wedgwood und des Amerikaners Frederick Rhead, der mit *Fiestaware* zum Spitzenreiter in der Sammlergunst aufstieg. In den Vereinigten Staaten und Kanada galten die Werke von Russel Wright und Eva Zeisel als Inbegriff des Modern-Retro-Looks. Im Stil sind beide den anmutig geschwungenen, asymmetrischen Formen verpflichtet, fernab der »Knechtschaft« durch eine Töpferscheibe mit ihrem stereotypen Rund. Von den späten 30er Jahren bis zu den frühen 60ern gehörten Wrights *American-Modern*-Keramikserie und Zeisels *Town and Country* zu den bevorzugten Tafelgeschirren der Avantgarde, und das sind sie bis heute geblieben.

Das waren allerdings Keramiken ohne Dekor, und der breite Markt hat ja bekanntlich eine Vorliebe für Muster. In den frühen 50er Jahren produzierte Roy Midwinter in England eine ganze Geschirrkollektion nach Entwürfen Jessie Taits und des jungen Terence Conran, und die Namen der Dekors spiegeln wider, was damals als modern galt: *Galaxy, Tropicana, Nature Study, Patio, Zambesi* – eine Mischung aus Exotik und Weltraum-Zeitalter. Dennoch führten wie in anderen einschlägigen Designbereichen der Nachkriegsjahre die Skandinavier das Feld an. Der schwedische Keramiker Stig Lindberg, der für die Firma Gustavsberg arbeitete,

IN DEN FRÜHEN 50ER JAHREN PRODUZIERTE ROY MIDWINTER IN ENGLAND GESCHIRR NACH ENTWÜRFEN VON JESSIE TAIT UND TERENCE CONRAN. DIE NAMEN DER DEKORS SPIEGELN WIDER, WAS DAMALS ALS MODERN GALT: EINE MISCHUNG AUS EXOTIK UND WELTRAUM-ZEITALTER.

produzierte von Zeisel inspirierte Vasen, aber auch eigenwillige irdene Gefäße und Tafelgeschirr.

Bemerkenswert für die Zeit zwischen 1940 und 1960 war die Tatsache, daß nicht wenige Künstler von Rang das Töpferhandwerk für sich entdeckten. Einer der ganz Großen, nicht nur im Bereich der Keramik, war der spanische Maler Pablo Picasso, der für Dreiviertel des 20. Jahrhunderts seinen Schatten über die gesamte Kunstwelt warf. Picassos keramische Entwürfe mündeten in eine Flut von Tellern und Töpfen, die in Serienproduktion gingen. Mit humorvollen Gesichtern bemalt oder als seltsam vogelartige Gebilde verschafften sie dem Töpferhandwerk einen künstlerischen Status, der weit über den der Gebrauchskunst hinausging. Währenddessen wandten sich Kunstkeramiker wie Bernard Leach, Hans Coper, Lucie Rie und Gertrud Vasegaard auf der Suche nach Inspirationen den alten keramischen Traditionen Japans und Chinas zu.

In den späten 60er und 70er Jahren gab es Versuche, diese fragile Welt des guten Geschmacks zu zerschlagen. Ettore Sottsass, das Enfant terrible der Radical Design Movement, versuchte sich auch im Bereich Keramik, indem er klobige, eckige Formen entwarf, die sich entfernt an die wiederaufleben den Art-déco-Motive anlehnten und den Kitsch der 50er Jahre einbezogen. So entstanden diese unglücklichen aufgepfropften Formen, die auf Sottsass und seine Anhänger zurückgehen, und die man gemeinhin mit der Postmoderne assoziiert.

IM UHRZEIGERSINN BEGINNEND LINKE SEITE LINKS OBEN **Gefäße im Retro-Stil, daneben moderne Stücke. Glasuren und Formen, inspiriert von orientalischen Vorbildern. Deutsches Porzellan. Eine Sammlung von Keramiken in kräftigen Farben.** *Nature Study* **von Terence Conran.** *Zambesi* **und** *Tonga,* **zwei Jessie Tait-Muster für Midwinter. Steingutschale aus den 50er Jahren von Gunnar Nyland. Ein Sortiment der Töpferwerkstatt Poole von Alfred Burgess Read**

AUF DIESER SEITE **Fisch- und Haifischhaut galten in den 20er Jahren als besonders schicke Umkleidung für Accessoires auf dem Toilettentisch der Dame, wie diese sich verjüngenden Vasen aus dem schuppenartig strukturierten Material, entworfen von R & Y Augusti. Sie stehen auf einem Tisch mit zahnförmigen Intarsien, der Jacques-Emile Ruhlmann zugeschrieben wird.**

LINKS OBEN **Gemasertes Holz, kombiniert mit glänzenden und matten Glasuren**
LINKS UNTEN **Eine handgearbeitete Salatschüssel, 1935 von Russel Wright für die *Oceana*-Linie entworfen**
UNTEN **Auf einem von Saarinen inspirierten Tisch, produziert von Arkana in Bath, sieht man eine spätere Ausgabe des *Ericofons*, das ungleich eckiger ist als die früheren Modelle.**

Im Modern-Retro-Interieur gibt es so vieles, was außer den Möbeln das Lebensgefühl einer vergangenen Zeit verbreitet. Es können so prosaische Dinge sein wie ein Fernsehapparat, der aussieht wie eine riesige weiße Schaumblase, oder Kuriositäten, die man irgendwo ergattert hat, wie zum Beispiel Kleiderhaken aus Karton mit dem Profil von John, Paul, George und Ringo. Dennoch wird sich auch eine Uhr, die gerade erst produziert wurde, in eine Modern-Retro-Küche einfügen, weil Neues und Altes in diesem Stil durchaus miteinander harmonieren. Besser wäre natürlich eine Uhr von George Nelson aus den späten 40er Jahren über einem Tisch mit verchromten Beinen und den passenden Stühlen mit Vinyl-Lehne aus der gleichen Zeit.

Viele original Retro-Accessoires sind inzwischen zu heißbegehrten Sammlerobjekten geworden, obwohl Reeditionen alter, besonders geschätzter Stücke auch für Liebhaber mit kleinerem Geldbeutel erschwinglich sind. Designerläden mit einem speziellen Angebot neu aufgelegter Stücke verkaufen zum Beispiel noch immer Keramiken von Piero Fornasetti, wie sein *Architectura*-Kaffee-Service aus den 60er Jahren. Während diese Reeditionen in der Regel noch bezahlbar sind, lassen sich Stücke, die nicht mehr in Produktion sind, nur über spezielle Quellen beziehen oder auf Auktionen, wo sie bisweilen zu extrem hohen Preisen gehandelt werden.

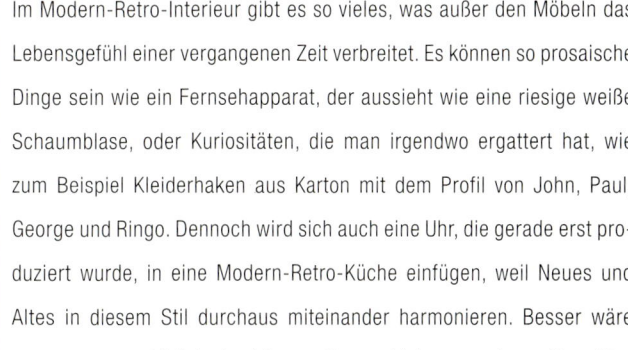

Das Leben teilt sich in ganz speziellen Details mit: Accessoires, die vom Alltäglichen bis zum Besonderen, vom Gebrauchsartikel bis zum kuriosen Sammlerstück reichen.

Accessoires

RECHTE SEITE
RECHTS Ein von Jens Risom
entworfener Sessel für Knoll
Furniture um 1940; aus der
gleichen Zeit die Uhr *Spool
Clock* von George Nelson
LINKS OBEN Im Raumfahrt-
Styling: Der *JVC-Videosphere*-
Fernseher erinnert an einen
Astronautenhelm.
LINKS UNTEN Fundstücke von
einem amerikanischen Floh-
markt

In Auktionskatalogen oder Galerien, die Objekte der Moderne anbieten, finden sich neben den teuren Arbeiten auch viele preisgünstige, nicht weniger schöne Stücke.

Sie stammen in der Regel zwar von unbekannteren Designern und Firmen, die keine internationale Resonanz fanden, dennoch aber Dinge produzierten, die den Stil dieser Zeit repräsentieren. Jede Nation hat ihre weniger bekannten De-

IN AUKTIONSKATALOGEN ODER GALERIEN, DIE OBJEKTE DER MODERNE ANBIETEN, FINDEN SICH NEBEN DEN TEUREN ARBEITEN AUCH VIELE PREISGÜNSTIGE, NICHT WENIGER SCHÖNE STÜCKE.

LINKS OBEN Schmucktruhe, Mitte
der 50er Jahre von George
Nelson, aus Nußbaumholz und
Kunststofflaminat auf stativ-
artigem Stahlfuß. Neben der
ungewöhnlichen Wecker-Tele-
fon-Kombination eine elegante
Lampe aus der gleichen Zeit:
Visor von Arne Jacobsen
MITTE OBEN Der Zeitungsständer
als unverzichtbares Accessoire
jedes gut eingerichteten Wohnzimmers der 50er Jahre. Hier
ein preisgünstiges, aber pfiffi-
ges Modell aus Metall.
LINKS UNTEN Eine weiße Digital-
uhr im Kunststoffgehäuse und
eine Plexiglas-Skulptur von
Vasser: das Ganze ein gelun-
genes Modern-Retro-Stilleben
auf einer Fensterbank

signerinnen und Designer, deren Arbeiten auf Landesebene durchaus gefragt waren, die den großen Durchbruch aber dennoch nicht schafften. Auch bei nicht ganz so renommierten Namen sollte man zugreifen, bevor eine Galerie oder ein Museum eine Ausstellung ihrer Werke organisiert und die Preise sprunghaft ansteigen.

Umgekehrt sind manche Dinge von etablierten Designern noch immer gebrauchsfähig, auch wenn die meisten Interessenten sie lieber mit dem Komfort der heutigen Technik ausgestattet sähen. Ein Paradebeispiel hierfür sind Elektroartikel, insbesondere Telefone. Das Telefon hat eine bemerkenswerte Designgeschichte durchlaufen, und jedes einzelne Modell ist

UNTEN **Freude am Spielerischen: eine Garderobe aus dem Frankreich der Nachkriegszeit** RECHTS **Zweifellos ist dieser französische Garderobenständer von Charles und Ray Eames' Modell _Hang-It-All_ beeinflußt. Eigens für das Kinderzimmer entworfen, läßt sich hier alles Mögliche aufhängen. Das Modell war von 1953 bis 1961 auf dem Markt und ist heute als Reedition erhältlich.**

zugleich Spiegel seiner Zeit. Glanzstück eines Modern-Retro-Interieurs der 30er Jahre ist das schwarze Bakelit-Telefon, das der Norweger Jean Heiberg für die schwedische Firma Ericsson entwarf – ein Modell, das sich in ganz Skandinavien, Großbritannien und dem Empire durchsetzte. Die Modelle _500_ aus dem Jahr 1950 und _Trimline_ von 1965, beides Entwürfe des großen amerikanischen Industrie-Designers Henry Dreyfuss, wurden in den Staaten zum Standardgerät. Und besonderen Spaß bietet das _Ericofon_ von 1954 (s. Abb. S. 39) – das erste Telefon aus einem Stück und mit einer Wählscheibe im Fuß.

RECHTS **Eine Hommage an Plastik, den Werkstoff der 60er. Ein von M. Siard entworfener italienischer Tisch. Ein original _Trimphone_, das erste Tastentelefon. Die kugelförmige Uhr ist ein erlesenes Stück von Presta. An der Wand eine Kunststoff-Plastik von Joe Tilson – aus einer Serie, die im britischen Pavilion auf der Expo '67 in Montreal Teil einer Kunstwand war.**

Die Liste sammelwürdiger Accessoires ist endlos. Sie reicht von dem mit Blattmotiven dekorierten norwegischen Tafelgeschirr und orangeroten dänischen Auflaufformen über einen Satz Besteck von Grethe Meyer im Eßzimmer bis zu dem elefantenköpfigen Garderobenspiegel eines verrückten Pop-Designers; zum portugiesischen Kinoplakat für den Film *Ben Hur* über dem Schreibtisch im Arbeitszimmer kommen ein paar alte Ausgaben von *Schöner Wohnen*, die sich im Zeitungsständer aus Draht im Wohnzimmer finden, und ein frühes Transistor-Radio von Dieter Rams auf der Arbeitsplatte in der Küche. Wie schon Mies van der Rohe, einer der richtungweisenden Künstler der Moderne, sagte: »Gott steckt im Detail.«

DIE LISTE SAMMELWÜRDIGER ACCESSOIRES IST ENDLOS. SIE REICHT VOM NORWEGISCHEN TAFEL-GESCHIRR UND ORANGEROTEN DÄNISCHEN AUFLAUF-FORMEN BIS ZUM ELEFANTENKÖPFIGEN GARDEROBEN-SPIEGEL EINES VERRÜCKTEN POP-DESIGNERS.

RECHTS **Zwei** *Plia*-**Klappstühle aus Kunststoff, 1969 von Giancarlo Piretti für Castelli entworfen, als ideale Sitz-gelegenheit für den Bedarfs-fall: problemlos verstaubar, extrem leicht und zusammen-geklappt kaum handbreit. Ungefähr aus der gleichen Zeit – die tiefvioletten kugel-förmigen Wandelemente des dänischen Designers Verner Panton. Ursprünglich wohl für eine Diskothek entworfen, aber nicht realisiert. Panton schuf auch ganz ähnliche Wand-Beleuchtungssysteme: Platten mit großen, runden Halbkugeln und zentral integrierten Glühbirnen.**

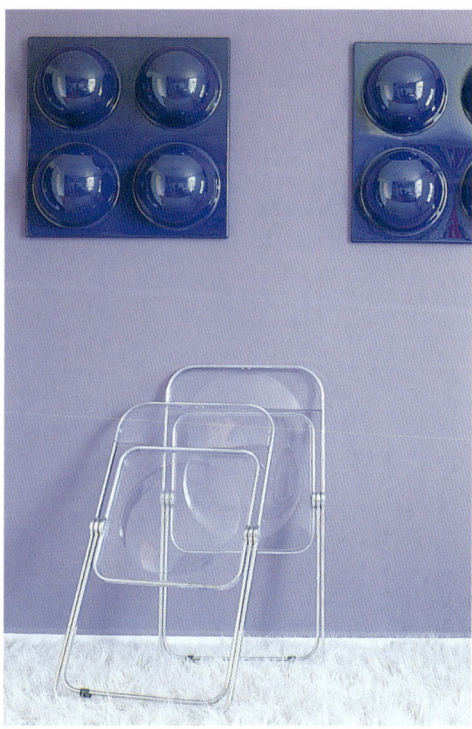

WOHNEN im Retro Style

Ein amerikanischer Wohnraum ganz im Modern-Retro-Stil: ein Paar *Egg Chairs* von Arne Jacobsen, jeweils mit Fußhocker, neben einem geschwungenen Sofa und einem Couchtisch von Vladimir Kagan. Aus der gleichen Zeit: die Stehlampen und der Judy-Ross-Teppich

Obwohl Modern-Retro-Interieurs viele Gesichter haben, entspringen sie doch ein und demselben Wunsch: mit Möbeln und Objekten der Moderne ein gemütliches, zeitgemäßes Zuhause zu schaffen. Dabei geht es hier keineswegs um historisch authentische Einrichtungen, wie es ein Museum anstrebt, selbst wenn einige Stücke durchaus von musealem Wert sein mögen. Modern-Retro-Interieurs sind auch nicht an einen bestimmten Rahmen gebunden; sie finden ihren Platz in einer Villa des 18. Jahrhunderts in Paris ebenso gut wie in einem New Yorker Loft. Liebhaber dieses Stils streben keine sklavische Nachbildung der Moderne an, sondern ein originelles und individuell gestaltetes Ambiente.

Das Wohnzimmer ist der Ort für ein umfassendes Modern-Retro-Sortiment, denn zum Besten, was die Zeit um die Jahrhundertmitte an Mobiliar zu bieten hat, gehören Stühle, Sessel, Sofas und Couchtische. Charakteristisch für den Retro-Stil ist der fröhliche Design-Mix aus Originalen, Reeditionen der »Klassiker« des 20. Jahrhunderts und Objekten heutiger Stardesigner.

Wohnzimmer

Für den Wandel der traditionellen Gliederung eines Hauses sowie seiner Außen- und Innengestaltung war die Avantgarde der Architekten und Designer innerhalb der Modern Movement richtungsweisend. Die Häuser wurden kleiner und ließen sich somit auch ohne einen Stab von Dienstboten instand halten. Der Wohnbereich wurde vom Erdgeschoß in das sehr viel hellere und freundlichere erste Obergeschoß verlegt.

Eines der frühesten Interieurs der Moderne, bis heute von nachhaltigem Einfluß auf die Innengestaltung, ist das *Rietveld Schröder Haus* im holländischen Utrecht, das der ortsansässige Architekt Gerrit Rietveld 1924 entwarf. Obwohl die neue variable Raumnutzung bedeutsam ist, äußert sich sein innovativer Charakter vor allem in der konsequenten Verwendung von Farbe, die sich an De-Stijl-Künstlern wie Mondrian orientierte. Kein Bau- oder Einrichtungselement, das ausgespart worden wäre – alles verwandelte sich zu großen roten, gelben, blauen, weißen, schwarzen oder grauen Farbblöcken. Besonders hervorgehoben wurden die horizontalen und vertikalen Ebenen. Als in den 60er Jahren großflächige Graphiken in Mode kamen, die ganze Wände einnahmen, stießen die geometrisch gestalteten Flächen des Rietveld-Hauses auf größte Resonanz.

LINKS »Besuch« aus Amerika in einem von John Winter entworfenen Haus in London: die strenge Linienführung eines Florence-Knoll-Sofas von Knoll International in New York und drei Schalensessel von Charles und Ray Eames, alles Klassiker der 50er Jahre. Der Tisch ist ein Redesign von heute.

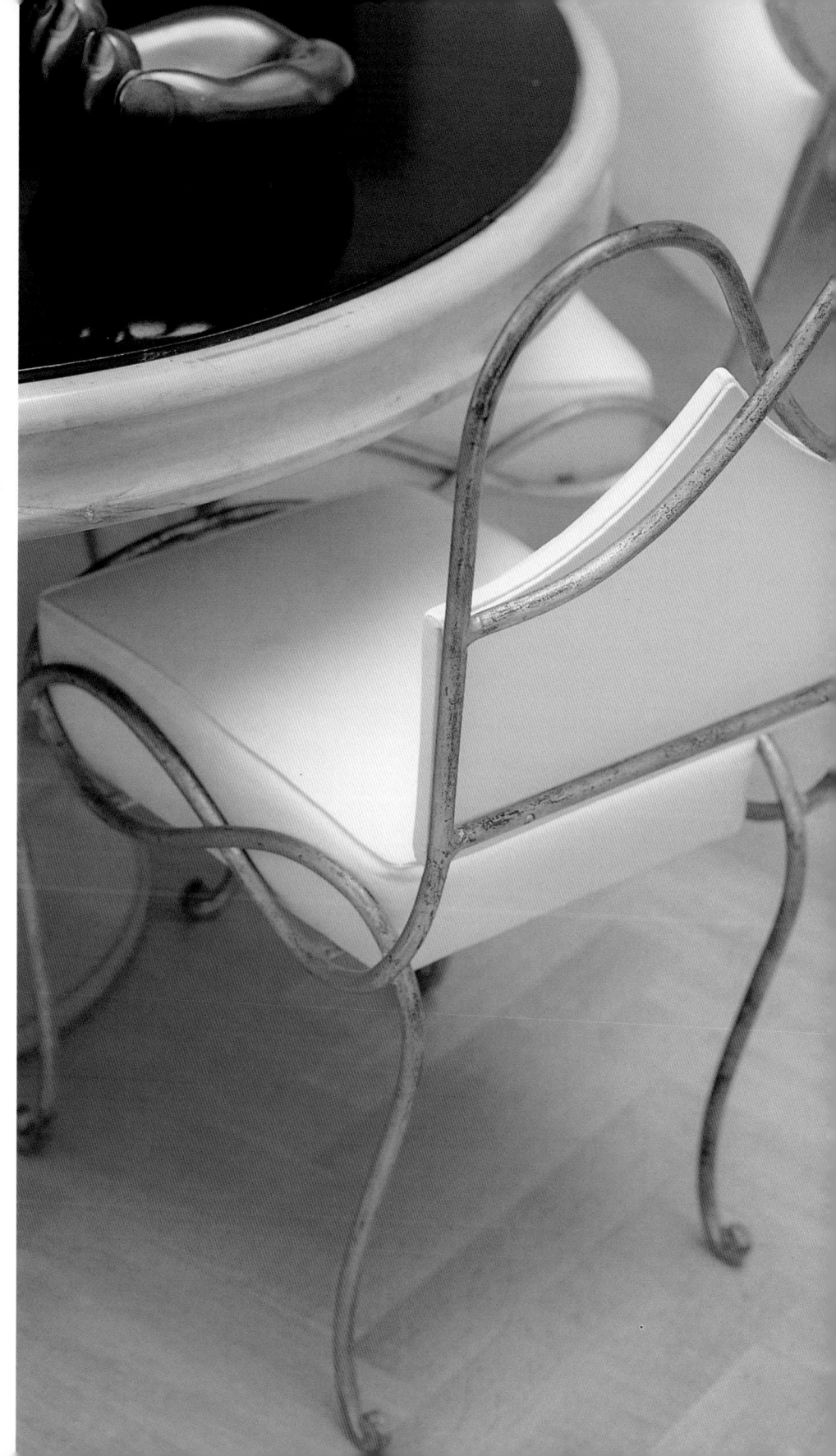

Der bedeutendste Einfluß ging in den 20er und 30er Jahren von den Wohnräumen der Modern Movement aus, entworfen von Puristen wie Le Corbusier, den Luckhardts, Mies van der Rohe und Serge Chermayeff. Obwohl diese Interieurs unbestritten ihren Stellenwert hatten, machen die Fotos von damals auf einen Blick deutlich, daß es sich vorrangig um Zeitdokumente handelt, die vom heutigen Retro Style weit entfernt sind. Als die Moderne in den 20er und 30er Jahren zu einer eigenständigen Sprache fand, schufen Designer und Architekten einen Stil, den ein Kritiker aus dieser Zeit, John Gloag, als »Leiden unter der puritanischen Strenge« beschrieb. In dieser Beobachtung steckt ein Körnchen Wahrheit. Auf den alten Schwarzweiß- und den wenigen Farbfotos wirken die Einrichtungen streng, kompromißlos, ohne jedes Leben, beinahe spartanisch. Und doch ist dies die Linie, der die Liebhaber der Modern Movement heute folgen. Wer das Interieur der Moderne in ein zeitgemäßes Ambiente integrieren möchte, kann die besten und erfolgreichsten Stücke jener Zeit auswählen und sie mit all dem technischen Komfort, der uns heute zur Verfügung steht, ergänzen.

ALS DIE MODERNE IN DEN 20ER UND 30ER JAHREN ZU EINER EIGENSTÄNDIGEN SPRACHE FAND, SCHUFEN DESIGNER UND ARCHITEKTEN EINEN STIL, DEN EIN KRITIKER AUS DIESER ZEIT, JOHN GLOAG, ALS »LEIDEN UNTER DER PURITANISCHEN STRENGE« BESCHRIEB.

LINKE SEITE **Eine feine Auswahl an Keramiken und eine französische Gips-Stehlampe aus den 40er Jahren. Das Sofa und die dazugehörigen Lehnsessel sind Entwürfe von Timm Ulrichs.**
RECHTS **Der anmutige Gußeisen-Rahmen eines René-Pru-Stuhls. Der runde Tisch ist ein dem Biedermeier nachempfundenes Stück aus dem 20. Jahrhundert.**

In den Vereinigten Staaten wurde Frank Lloyd Wrigth wie ein Gott verehrt – kein anderer Architekt in der Geschichte Amerikas, der eine so große Popularität errang. Wer nach Inspiration für die Gestaltung seines Hauses sucht, orientiert sich an Publikationen von Wright. Gibt es also so etwas wie einen spezifischen Retro-Look für einen Wohnraum im Stil Frank Lloyd Wrights?

Wright entwarf sein erstes Haus bereits um 1880; sein letztes entstand 1959 (im Jahr seines Todes). Innerhalb dieser Zeitspanne entwickelte er seinen unverwechselbaren Stil, indem er sich von der Schwere der Arts and Crafts Movement einem modernen Wohnstil zuwandte, der jedoch stets den Werten von Material und Struktur verpflichtet blieb. Als berühmtestes Beispiel für Wrights Idee von der Begegnung zwischen Mensch und Natur – ein Vermächtnis der Arts and Crafts Movement – war *Fallingwater*, das Haus bei Bear Run in Pennsylvania, das er 1935 entwarf. Der Wohnbereich dieses heiteren und außergewöhnlichen Bauwerks wirkt wie der Anker der gesamten Komposition; weit über einen steilen Wasserfall hinausragend, aber gleichzeitig fest im Fels eines Hügels verankert. Der Boden des Wohnraums ist mit grauen Steinfliesen ausgelegt, und ein mächtiger Felsblock der Klippe ragt in den Raum hinein. Große Fenster mit markanten Holzrahmen geben den Blick auf die bewaldete Landschaft frei. Die Möbel, ausnahmslos Entwürfe von Wright, wirken unkonventionell: eine lange, eingebaute Bank unter einer Fensterfront, Hocker, die an unförmige Stühle ohne Lehne erinnern, und Schaffelle über Tischen und Sofas.

In den 60er und 70er Jahren fand diese Vision rustikaler Schlichtheit großen Anklang bei der jüngeren Generation, die ein Zurück-zur-Natur als Teil eines alternativen Lebensstils betrachtete. Über Nacht wurden von Wright entworfene Möbel zu horrenden Summen gehandelt. Es dauerte nicht lange, bis Reeditionen auf den Markt kamen, denn die Möbelfirmen erkannten rasch, daß sich aus dem Enthusiasmus, den sämtliche Wright-Stücke weckten, Kapital ziehen läßt, zumal das »Wright-Fieber« bis heute unvermindert anhält.

RECHTS OBEN **Ein kunstvoller Kandelaber ersetzt das Feuer in diesem offenen Kamin mit einem Rahmen aus unverputzten Ziegelsteinen.**
RECHTS UNTEN **Ein Hauch Frankreich in England. Der Salon dieses Hauses mit seinen farbigen Glasfenstern und der erlesenen Stuckdecke ist vorwiegend mit französischen Möbeln ausgestattet. Auf den Ablagen, Kristallskulpturen von Lalique aus der Sammlung des Besitzers.**
RECHTE SEITE **Die Beine dieser gedrungenen Lehnstühle von Leleu scheinen sich unter dem Gewicht der Polster zu verbreitern. Der Tisch mit Glasplatte ist ein Entwurf von René Drouet. Der Osvaldo-Borsani-Spiegel greift die geschwungenen Konturen der Tischbeine und Wandleuchten auf.**

OBEN **Eine ruhige Ecke im Stil der französischen Art déco mit prall gepolstertem Sofa und einem Teppich von Jules-Émile Leleu, kombiniert mit einem von den Skulpturen Brancusis inspirierten Hocker**

AUF DIESER SEITE **Eine monu-
mentale Säule ragt in diesem
New Yorker Loft auf. Keinerlei
Teppich, der ein Element der
Gliederung einbringen würde –
so scheint es, als ob die Möbel
durch den weiten Raum schweb-
ten. Ein Großteil stammt aus
Frankreich, so auch die Art-
déco-Liege, die Einflüsse des
Empire-Stils zeigt.**
RECHTE SEITE **Diese sonnen-
beschienene Liege ist ein
Entwurf des Designers
Robsjohn-Gibbings aus
den 50er Jahren, der für die
Widdicomb Furniture Company
in Grand Rapids, Michigan,
arbeitete.**

OBEN **Zwei klassische englische Sessel aus den 50er Jahren. Links ein** *Lounge Chair* **von Robin Day mit breiten Armlehnen aus Holz, die Platz für ein Buch oder einen Drink bieten. Rechts ein** *Flamingo-* **Sessel mit breiter Rückenlehne von Ernest Race. Der biomorph geformte Tisch ist ein Entwurf von Neil Morris aus Glasgow:** *Clouds* **von 1947.**
RECHTS **Im Zentrum dieses Raums steht ein großer runder Büchertisch, der antik anmutet, tatsächlich aber in den frühen 60er Jahren von dem Designer Robert Heritage entworfen wurde.**

Die Moderne, wie sie sich bei Frank Lloyd Wright in ihrer reinen Form präsentiert, unterscheidet sich grundsätzlich von dem »High-Society-Stil«, der bis weit in die 30er Jahre sehr beliebt war. Die Kulissen der Hollywood-Filme jener Zeit lieferten die perfekten Vorlagen für ein klischeehaft sophistisches Ambiente, das weit mehr Resonanz fand als alle Wright-Entwürfe zusammen. So hat die Film-Szenerie die Phantasie vieler Modern-Retro-Fans nachhaltig beeinflußt.

Die schillernden Glamour-Welten waren meist das Werk von Szenenbildnern, und die Resultate ließen sich in etwa mit der Kunst eines Innenarchitekten vergleichen. So ist es kaum verwunderlich, daß die 20er und 30er Jahre zur Blütezeit der Innenarchitektur wurden, einem damals noch relativ neuen Berufszweig. Tonangebend waren in diesem Bereich die Frauen, wohl hauptsächlich, weil das Zuhause vorwiegend als ihre Domäne galt. Modebewußte Damen, die ihre »künstlerischen«

OBEN **Über die Ahorn-Tritt-stufen der offenen Treppe ge-langt man zu dem geräumigen Wohnzimmer dieses im 19. Jahr-hundert erbauten Hauses in London. Das Interieur ent-spricht ganz dem Modern-Retro-Stil: ein bunter Design-Mix aus Originalen und neuen Stücken im gleichen Flair. Einer der großen Klassiker des 20. Jahr-hunderts, der Eamessche *Lounge Chair* mit Fußhocker, gesellt sich zu einem Jasper-Morrison-Sofa mit Polster-schemel aus den 80er Jahren. Auf dem Boden die zylinder-förmige Lampe *Biproduct*, ein neueres Design im Retro-Stil.**

Talente entdeckten, berieten zunächst mit Erfolg ihren Freundes- und Bekanntenkreis bei der Inneneinrichtung, bevor sie schließlich professionell einstiegen. Ihr luxuriöser Stil strahlte Ele-ganz, Komfort und Glamour aus und war stark vom Regency-Stil und den neugriechischen Strömungen des Art-déco-Looks beeinflußt.

Zu den berühmtesten Innenarchitektinnen dieser Zeit gehörte Syrie Maugham, Gattin des Autors Somerset Maugham. Von geradezu legendärem Ruhm war das Wohnzimmer ihres Hauses in London, das 1927 als das *Weiße Zimmer* bekannt wurde (s. S. 15). Maughams lange, niedrige Sofas, die sich auch in einem Interieur von heute sehen lassen könnten, waren mit glattem beigefarbenem Satin bezogen; die Couch- und Beistelltische waren weiß, den Boden bedeckte ein riesiger, eigens angefertigter weißer Teppich von Marion Dorn. Große Spiegelwände unterstrichen den luxuriösen Touch. Der ganz in Weiß gestaltete Wohnbereich wurde in den 70er Jahren erneut zum Inbegriff eines Stils, der sich bewußt gegen die beißenden Farben und wilden Effekte des Pop-Designs der 60er Jahre wandte.

RECHTS OBEN Der englische Möbeldesigner Robin Day wird gern als »der Chippendale des 20. Jahrhunderts« bezeichnet. Viele von Days Entwürfen wurden von der Möbelfirma Hille verwirklicht, wie dieses edle Sideboard aus der Reihe *Hilleplan* von 1952. Die Stühle links und rechts entstanden zwei Jahre früher als Teil der Reihe *Hillestack*.

RECHTS UNTEN Noch mehr von Robin Day. Der schwarze Vinylbezug auf dem Schlafsofa von 1957 ist original.

DIE AMERIKANISIERUNG DER MODERNE NACH DEM ZWEITEN WELTKRIEG BRACHTE EINEN WANDEL FÜR DEN WOHNBEREICH. DIE PURITANISCHE EINRICHTUNG DER MODERNE WICH EINEM GEFÄLLIGEREN, UNS HEUTE VERTRAUTEREN STIL.

Nach dem Zweiten Weltkrieg begann sich das Bild des Wohnbereichs zu wandeln. An die Stelle einer puritanischen Einrichtung aus der Zeit zwischen den Kriegen trat ein gefälligerer, uns heute vertrauterer Stil, der auf die Amerikanisierung der Moderne zurückzuführen ist. Auf den ersten Blick läßt sich oft kaum unterscheiden, ob es sich um eine Wohnzimmereinrichtung aus der Zeit vor oder nach dem Zweiten Weltkrieg handelt, sofern man nur von den Möbeln und ihrer Gruppierung ausgeht. Der Unterschied äußert sich jedoch im architektonischen Ansatz. Die frühe Moderne suchte in einem Interieur das Gefühl von Raum zu vermitteln, mit dem Ergebnis, daß vieles etwas zu spartanisch und streng wirkte. Was sich allmählich und im Lauf der folgenden Dekaden noch verstärkt ändern sollte, waren die vielfältigen Sortimente und Texturen von Tapeten und Bodenbelägen, Materialien und Mustern, die einen Raum einladender und freundlicher erscheinen ließen, ganz im Sinn des von den Amerikanern geprägten Mottos vom »gracious living«.

Wer sein Wohnzimmer im Modern-Retro-Stil einrichten will, findet in Philip Johnsons *Glass House* eine perfekte Vorlage.

OBEN In einem anderen Haus aus dem 19. Jahrhundert geht der Wohnraum in den Eßbereich über. Das Sofa im Vordergrund ist ein Entwurf aus der in den späten 40er Jahren herausgekommenen *DA*-Reihe von Ernest Race, hier mit original grünem Polster. Tisch und Stühle auf einem französischen Kuhfell sind Originale von John und Sylvia Reid. Die beiden Architekten wurden vor allem durch ihre in den 50er Jahren entwickelten Beleuchtungsideen für die britische Firma Rotaflex bekannt. Das traditionelle Sideboard war im damaligen England noch immer beliebt; hier ein weiteres Stück von Reid.

AUF DIESER SEITE **Als dieses Wochenendhaus an der englischen Küste in den 30er Jahren gebaut wurde, forderte der Architekt Oliver Hill, das Musterhaus mit Möbeln von Alvar Aalto einzurichten. Holz dominiert im Raum: ein wellenförmiger Eamesscher Wandschirm, ein interessant texturiertes Wandrelief von Brian Willsher und eine Holzskulptur von Antony Twentyman mit spitz zulaufenden Konturen.** RECHTE SEITE **Tische, Hocker und Sideboard von Aalto auf dem original Pechkiefer-Parkettboden**

LINK SEITE Wohn- und Eßbereich dieses Hauses gehen zwanglos ineinander über. Das dominierende Weiß-Thema wird durch die schwarzen Flächen der Eßstühle aus der *Serie-7* von Arne Jacobsen und den Eamesschen Surfboard-Tisch unterstrichen. Für einen unvorhergesehenen Gast steht der *Lounge Chair Wood (LCW)*, den Charles Eames 1945/46 entwarf, bereit.
RECHTS Die Beine des *LCW* erinnern an die einer Balletteuse beim Spitzentanz. Ähnlich im Stil auch der Lampenständer, fast zu schwach, um den Schirm zu tragen. Viele Möbel der Nachkriegszeit basieren auf diesem schlank konstruierten Fuß, der über skelettartiger Basis Gewichte zu balancieren scheint.
GANZ RECHTS Korrekt bezeichnet handelt es sich beim sogenannten Surfboard-Tisch um das Modell *Elliptical Table Rod Base (ETR)*.

Johnson nahm bei der Einführung der Modern Movement in Amerika eine Schlüsselrolle ein – als bahnbrechend gilt seine Ausstellung im Museum of Modern Art in New York 1932. Sein eigenes, in den späten 40er Jahren erbautes Haus in New Canaan (Connecticut) basierte auf einer Rahmenkonstruktion aus Stahl mit »Außenwänden« in Form einer Rundum-Verglasung. Wie das in der gleichen Zeit entstandene *Farnsworth House* von Mies van der Rohe lebt das *Glass House* ganz von seiner Transparenz.

Wie in vielen »typischen« Häusern der Moderne in den 20er und 30er Jahren wird auch die offen gestaltete Wohnfläche im *Glass House* durch eine klare Gruppierung der Möbel in Funktionsräume gegliedert. Beispielhaft dafür steht der Wohnbereich. In Form eines Rechtecks angeordnet sind ein paar ausgewählte Stücke aus den 30er Jahren von Mies van der Rohe: eine niedrige Couch, zwei *Barcelona*-Sessel, ein Hocker, in der Mitte ein Tisch mit Glasplatte. An der Seite, gleich einem Wandschirm, eine große Staffelei mit einem Poussin zugeschriebenen Landschaftsgemälde aus dem 17. Jahrhundert. Und das ist auch schon alles – der Wohnbereich im *Glass House* als Inbegriff konsequentester Reduktion.

Fernab von *Glass House* und *Farnsworth House* entstand eine Bewegung, die sich nicht nur – wie progressive Architekten bereits vor dem Krieg – für offenere Wohnbereiche einsetzte, sondern auch für Transparenz und Reduktion. Mies van der Rohes berühmter Ausspruch »weniger ist mehr« bedeutete nicht nur weniger Möbel, sondern auch weniger

MIES VAN DER ROHES BERÜHMTER AUSSPRUCH, »WENIGER IST MEHR«, BEDEUTETE NICHT NUR WENIGER MÖBEL, SONDERN AUCH WENIGER WÄNDE IM WOHNBEREICH. DIE STAHLRAHMENKONSTRUKTIONEN, DIE IN DEN SPÄTEN 40ER UND DEN 50ER JAHREN IN KALIFORNIEN ENTSTANDEN, MACHTEN DIESEN TRANSPARENTEN WOHNSTIL POPULÄR.

Wände im Wohnbereich. Die Stahlrahmenkonstruktionen, die in den späten 40er und 50er Jahren in Kalifornien entstanden, waren ein wichtiges Experimentierfeld, um diesen leichten und transparenten Lebensstil populär zu machen. Wohnzeitschriften von damals werben mit attraktiven jungen Paaren in kurzärmeligem Hemd und Baumwollkleid, zwanglos zurückgelehnt in die Polster ihres Wohn-

LINKS **Der Vater des Besitzers
dieser Wohnung war Architekt,
und so ist nahezu sämtliches
Mobiliar in diesem Wohnbereich vererbt. Überraschungs-
moment in dieser ausgesprochen feinen Sammlung ist
Nelsons *Coconut*-Stahlrohrstuhl
mit Kalbfellauflage. Kuhhäute
auch auf dem Boden und als
Überwurf auf Bertoias *Diamond*-
Drahtgitterstühlen; eine Tante
hatte die Felle aus Brasilien
geschickt. Die emaillierten
Aluminiumschalen auf dem
Eamesschen Tisch *(ETR)* fanden
sich häufig im durchgestylten
Interieur der 50er Jahre.
Schön ist die Lampe, die an eine
Gottesanbeterin erinnert – ein
besonderes Stück aus dem 1956
gedrehten Horror-Filmklassiker
*The Deadly Mantis.***

zimmers. Die raumhohen Fenster mit Blick auf die weite Landschaft sind geöffnet – die perfekte Ver-

schmelzung von innen und außen. Das Stahlbetonhaus des Architekten Pierre Koenig nährte wie kein

anderes die Vision vom sorgenfreien Leben. Fotos vom Wohnbereich unmittelbar nach der Fertigstellung

1960 gewähren einen Blick durch die rundum verglasten »Wände«, drinnen elegante Damen und

Herren, lässig gegen einen Sessel gelehnt – Lifestyle-Import aus Hollywood.

Bereits 1956 gab eine progressive Design-Ausstellung in London einen Vorgeschmack auf

die Trends im Wohnbereich der kommenden zwei Jahrzehnte. Das *House of the Future* der

OBEN **Diese Ecke dient als
Wohn- und Schlafraum; das
eingebaute Sofa läßt sich in
ein Bett verwandeln. Als dieses
kleine Haus in London in den
frühen 60er Jahren gebaut
wurde, diente dieser Raum als
Küchen- und Eßbereich – höchst
ungewöhnlich, weil im Obergeschoß gelegen. Die neuen
Besitzer konnten in einem
Anbau im Erdgeschoß jedoch
eine Küche einrichten.**

britischen Architekten Alison und Peter Smithson war von der Idee her gar nicht weit weg von den Science-Fiction-Phantasien der 50er Jahre. Durch eine kokonartige Öffnung gelangten die Besucher in kapselartige Räume mit Möbeln, die sich wie Einkaufswagen hin- und herschieben ließen. Dieser extreme Einsatz von Kunststoff, der Mitte der 50er Jahre noch als avantgardistisch galt, sollte bald schon zur Normalität werden, als sich in den 60er Jahren das Anti-Design durchsetzte und nahezu alles im Wohnbereich aus Kunststoff hergestellt werden konnte: von den Sesseln über Lampen bis zur Blumenvase. Und es gab eine ganze Handvoll von Namen für diese Kunststoffe: Polyester, Polypropylen, Polyvinyl-Chlorid (PVC) und Polyurethan – alles neue Materialien, die sich organisch formen oder milimetergenau zuschneiden ließen.

Obwohl man weiterhin an der traditionellen Sitzgruppe – einem Sofa, ein bis zwei Sesseln und einem Couchtisch – festhielt, waren die 60er und 70er Jahre auch die Zeit, in der man das Wohnzimmer erstmals als »Environment« be-

DER EXTREME EINSATZ VON KUNSTSTOFF, DER MITTE DER 50ER JAHRE NOCH ALS AVANT-GARDISTISCH GALT, SOLLTE BALD SCHON ZUR NORMALITÄT WERDEN, ALS SICH IN DEN 60ER JAHREN DAS ANTI-DESIGN DURCHSETZTE.

OBEN LINKS **Das Wohnzimmer dieses New Yorker Apartments verfügt über zwei Sitzbereiche. Hier der intimere mit einem Sofa von Isamu Noguchi und Sesseln von Arne Jacobsen und Pierre Paulin.**
RECHTS **Die zweite Sitzgruppe im gleichen Apartment. Zwei Sofas von Josef Hoffmann formieren sich zu einem Quadrat, dazwischen der Tisch** *Mesa* **von Robsjohn-Gibbings.**

RADIKALE DESIGNER BEGANNEN GANZE WOHNWELTEN ZU ENTWERFEN, DIE IN FORM UNTERSCHIEDLICHER MODULE ZUM VERKAUF STANDEN. DIESE LIESSEN SICH UNTEREINANDER AUSTAUSCHEN ODER UMGRUPPIEREN.

zeichnete. Es bot sich meist geschlossen dar, in behaglich-einladender Atmosphäre und stand in krassem Gegensatz zu dem offenen und transparenten Wohnstil, den Philip Johnson mit seinem Glashaus propagierte. Bestes Beispiel für solch eine abgeschlossene Welt war die »Wohninsel«: Sie bestand in der Regel aus einer großen Matratze, eingerahmt von Blöcken, die die Stereoanlage, die Schallplatten, eine Bar, das Telefon und einen Fernsehapparat enthielten — jeden nur erdenklichen Komfort, der Bequemlichkeit und Entspannung versprach. Ebenso beliebt war ein von eingebauten Bänken umrahmter, tiefer gelegter Kaminsitzplatz in der Mitte des Wohnzimmers, der manchmal ganz mit Teppichen und Kissen gepolstert wurde und die Geborgenheit eines Schoßes ausstrahlte.

Radikale Designer begannen Wohnwelten zu entwerfen, die in Form unterschiedlicher Module zum Verkauf standen. Diese ließen sich untereinander austauschen oder umgruppieren, ganz im Sinn der damaligen »Philosophie« von frei variierbaren Wohnlandschaften. Luigi Colani schuf in den frühen 70er Jahren beispielsweise sein *Pool Living Pad* – nichts weiter als eine Reihe von Schaumstoffblöcken, jeder etwa 70 x 70 cm groß und mit Stoff bezogen. Von Wand zu Wand nebeneinander gelegt, ergab sich eine podestartige Fläche, auf der man sich ausstrecken, fernsehen, lesen oder schlafen konnte. Wohnkultur mit einem Minimum an Möbeln.

Zu den frühesten Entwürfen des außergewöhnlich kreativen Designers Verner Panton gehören seine *Flying Chairs*, Sitzelemente, die mit Drahtseilen an der Decke verankert waren. In den ausgehenden 60er Jahren führte er seinen *Pantower* ein: Polstermodule, die sich beliebig stapeln und je nach Wunsch zu einer unterschiedlich hohen Sitz- oder Liegefläche umfunktionieren ließen. Der Design-Historiker Lesley Jackson erinnerte daran, daß Kommentatoren dieser Zeit den *Pantower* als »lebende Wohnwabe« bezeichneten.

Einige der frühesten und innovativsten Ideen des modernen Küchendesigns gingen in den 20er Jahren vom Bauhaus aus. Funktionalität war ein Schlüsselwort dieser progressiven Design-Schule, und in keinem Bereich des Hauses war die praktische und wirtschaftliche Komponente mehr gefordert als in der Küche; man widmete ihr höchste Aufmerksamkeit.

LINKS **Ungezügelte Sammelfreude fügt sich zu einem bunten Mix. Ein gesuchtes Stück ist *Pillola*, links auf dem Kamin, die Mini-Version der von Claes Oldenburg inspirierten Pillenkapsel-Lampe. Von Cesare Casati und Emanuele Ponzio 1968 entworfen, kann dieses Stück als Pop-Art-Jux und dissonantes Zeugnis der Radical Group angesehen werden, die in den späten 60er Jahren die traditionellen Konventionen des italienischen Industrie-Designs in Frage stellte.**

LINKE SEITE **In einem Londoner Hochhaus der 70er Jahre wurde das ursprüngliche Küchen-Design beibehalten, ebenso die Einbauelemente. Natürliches Licht flutet durch das große Fenster über den Dächern der Stadt in diese kompakte, aber durchkonzipierte Küche.**
LINKS OBEN Ein von Robin Day 1951 für die Royal Festival Hall in London entworfener Orchesterstuhl an einem Tisch mit gemusterter Laminatplatte von Frank Guille
RECHTS Bilder, Möbel und Objekte verleihen diesem Arrangement eine ausgeprägt klare und moderne Ästhetik.

In Deutschland griffen Mitte der 20er Jahre die Bauhaus-Architekten auf die Erkenntnisse der amerikanischen Hauswirtschafterin Christine Frederick zurück und entwickelten deren ursprüngliche Idee von der eingebauten Küche weiter. Sie sollte für das Küchen-Design von nachhaltiger Bedeutung sein und bald schon in nahezu jedem Haushalt zur Norm werden. Jahrhundertelang waren die Küchen der oberen Schichten in separate Funktionsbereiche unterteilt; Vorratsraum, Speisekammer und Spülküche bildeten Einheiten für sich. Die Modern Movement verband all diese Elemente zu einem effizienten Ganzen: der Küche der kurzen Wege.

In den 30er Jahren waren es die Deutschen, die mit nahezu exakter Wissenschaftlichkeit jeden Bewegungsablauf bei der Zubereitung einer Mahlzeit aufzeichneten. Auf der Grundlage einer Fülle neuer Fakten und Zahlen entwickelten die Designer neue Küchen und standardisierten die Größe der Kücheneinheiten. Die heutigen seriengefertigten Küchen, die sich aus einer Reihe moduler Elemente unbegrenzt kombinieren lassen, gehen auf diese frühen Studien zurück.

Küchen und Eßzimmer

Einige der frühesten und innovativsten Ideen des modernen Küchendesigns gingen in den 20er Jahren vom Bauhaus aus. Funktionalität war ein Schlüsselwort dieser progressiven Design-Schule, und in keinem Bereich des Hauses war die praktische und wirtschaftliche Komponente mehr gefordert als in der Küche; man widmete ihr höchste Aufmerksamkeit.

Die Küchen der Bauhaus-Schule sind für den heutigen Geschmack etwas zu streng. In ihrer klinischen Sterilität erinnern sie eher an Laboratorien. Die sogenannte Frankfurter Küche von 1926, die Grete Schütte-Lihotzky eigens für kleine Wohnungen entwarf, hat in letzter Zeit jedoch reichlich Beachtung gefunden und erneutes Interesse an jenem Leitsatz der Architekten der frühen Moderne geweckt: einen möglichst großen Teil der Küchenarbeit im Sitzen zu erledigen.

In den 30er und 40er Jahren ging in Amerika erstmals in Serienproduktion, was in den folgenden Dekaden Standard

DIE HEUTIGEN KÜCHEN, DIE SICH AUS EINER REIHE MODULER EINZELELEMENTE ZUSAMMENSETZEN, GEHEN AUF FRÜHE STUDIEN DER MODERNE ZURÜCK.

werden sollte: die Doppelreihe horizontaler Kücheneinheiten – Wandschränke in Form geschlossener Kastenelemente. Die Vereinheitlichung der Küchenpläne reduzierte sich auf vier typische Aufrisse: die Einzel- und Doppelreihe, U- und L-Formen. Das gesamte Küchendesign unterlag also verstärkt wissenschaftlichen Prinzipien. Auch die Geräte sahen bald anders aus; Industrie-Designer wie Norman Bel Geddes hatten ihnen mit der Stromlinienform ein weniger plumpes und reizvolleres Image verliehen. Der Herd, traditionell aus schwerem schwarzem Gußeisen, zeigte sich nun in einem leichteren und farbenfrohen Outfit. Die neuen, weiß emaillierten Kochtöpfe strahlten fleckenlose Reinheit aus und waren in Höhe und Tiefe auf das Gesamtbild der Küche abgestimmt.

LINKE SEITE
LINKS OBEN **Die Dänische
Moderne in Reinkultur, um-
gesetzt von der Designerin
Nanna Ditzel**
MITTE OBEN **Für die Farben
dieser neuen Küche in einem
Londoner** *Span House* **aus den
70er Jahren stand die 1968 für
das Haus seiner Eltern entworfene Küche des Architekten
Richard Rogers Pate. Die
schwarze, laminierte Arbeitsplatte hebt sich wirkungsvoll
von der orangeroten Rückwand
und dem Grün der Einbau-
elemente ab.**
RECHTS **Stühle der** *Serie 7* **mit
einer Holzoberfläche**

AUF DIESER DOPPELSEITE In einer geräumigen Küche umrahmt eine Gruppe der formschönen *Cherner*-Stühle von Paul Goldman einen passenden Tisch. Einige Stühle haben eine bandförmige Armlehne aus einem umlaufenden Streifen aus walnußfurniertem, gebogenem Schichtholz. Der *Cherner*-Stuhl wurde 1957 entworfen.

LINKS Vassers vertikale Acryl-
Skulptur bringt einen schmalen
Streifen Farbe in diese kleine
New Yorker Küche. Der Besitzer
hat eine Vorliebe für runde
Formen, wie etwa den Marmor-
tisch auf trompetenförmigem
Fuß von Eero Saarinen und die
runden Mosaik-Fliesen der fest
installierten Kücheneinheit.
AUF DIESER SEITE Diese kleinen
runden Fliesen verbindet man
gewöhnlich mit Fußböden und
Badezimmern; sie kommen
aber auch in der Küche gut zur
Geltung.

MITTE OBEN **Zwei hohe Frühstückshocker mit zierlicher laminierter Buchenholzlehne – ein Entwurf von Frank Guille** RECHTS OBEN **Ein leuchtend orangeroter Teppich und die blauen Lehnen und Sitzflächen der** *BA-* **Aluminiumstühle und des zierlichen** *Unicorn-***Stapelstuhls – beides Entwürfe von Ernest Race – bringen Farbe.**

Auch heute noch lassen sich solche Herde auftreiben, die, liebevoll hergerichtet, ein Flair vergangener Zeiten vermitteln. Und wieder instand gesetzte alte Eisschränke sind inzwischen sehr begehrt. Als Alternative bieten sich Modern-Retro-Kühlschränke an, insbesondere Modelle, die mit ihren untersetzten breiten Fronten und den abgerundeten Ecken die alte Stromlinienform der *Frigidaires* von 1950 aufgreifen. Sie erleben in letzter Zeit ein großes Comeback und sind in vielen Ausstattungs- und Einrichtungshäusern erhältlich.

Seit den 30er Jahren wird der Küche als Wohnraum deutlich mehr Gewicht verliehen. Die zweckorientierten Küchen von früher, ausschließlich Domäne der Dienstboten, wurden lange lediglich als reiner Versorgungstrakt und Arbeitsraum aufgefaßt. Als es nach dem Zweiten Weltkrieg aber kaum mehr Personal gab, übernahmen die Mütter der traditionellen Mittelklasse-Familie zunehmend dessen Rolle. Damit wurde die Küche zum Wirkungsfeld der Frau, zugleich aber auch heißgeliebter familiärer Treffpunkt. Die Mahlzeiten wurden zunehmend in zwanglosem Rahmen eingenommen, Eßecken in die Kücheneinheit integriert, und oft richtete man einen

Frühstücksplatz mit Eckbank ein. Beliebt war auch die Frühstückstheke. Und ganz typisch für die Mitte der 50er Jahre waren »Kommunikationsinseln«, Tische in der Mitte der Küche, manchmal sogar mit eingebautem

DIE MAHLZEITEN WURDEN ZUNEHMEND IN ZWANGLOSEREM RAHMEN EINGENOMMEN, ESSECKEN IN DIE KÜCHENEINHEIT INTEGRIERT, UND OFT RICHTETE MAN EINEN FRÜHSTÜCKSPLATZ MIT ECKBANK EIN.

Gas- oder Elektro-Kochfeld. In der Küche grillen wurde zum Modehit, besonders in nördlicheren, feuchteren Klimazonen, denn mit den großen, offenen Grillstellen in den Küchen der 50er und 60er Jahre ließ sich ins Haus holen, was im Freien so viel Spaß machte. Manche Küchen hatten einen rustikal gemauerten Grill, ähnlich wie im Garten, in eleganteren Küchen nutzte man einfach nur einen Elektrogrill.

In den Nachkriegsjahren wurden Geselligkeiten im häuslichen Kreis gern mit einer Einladung zum Essen verbunden; Kochen wurde populär. Auf führende Kochbuchautoren folgte die neue Generation der Fernsehköche. Im Lauf der 60er Jahre entwickelten sich die Küchen zu wahren Mini-Restaurants, ausgestattet mit einer batterie de cuisine und jedem nur erdenklichen Accessoire. Dies sollte sich erst Ende der 70er Jahre ändern, als sich mit der »Befreiung der Frau« auch die Küchen »emanzipierten«. Sie waren nicht mehr in erster Linie Gourmet-Treff, sondern auf den geschäftigeren und ausgedehnteren Arbeitstag abgestimmt, in dem es morgens allenfalls noch für einen Frühstückshappen reichte und abends rasch etwas auf dem Tisch stehen mußte. Die meisten Frauen waren nämlich nicht mehr Nur-Hausfrau, sondern gingen zusätzlich einer Arbeit außer Haus nach. Und bezeichnenderweise gab es immer mehr Singles.

LINKE SEITE
LINKS **Die gebogenen Schichtholzstühle aus Jacobsens *Serie 7* zeigen die natürliche Holzmaserung. Der Tisch war eine Sonderanfertigung des Architekturbüros The Moderns. Der eigenwillige Lampenschirm ist ein Entwurf von Noguchi.**
AUF DIESER SEITE
OBEN LINKS **Hochrote Streifen bewirken eine horizontale Gliederung der Wand über Nanna Ditzels Eßbereich. Die *Drinidad*-Stühle wurden von ihr entworfen.**
UNTEN LINKS **Dieser Eßbereich in einem New Yorker Apartment ist zugleich Bibliothek. Tisch und Stühle sind Entwürfe von Charlotte Perriand.**

Gegen Ende der 70er Jahre ließ man sich scherzend über den »futuristischen Küchen-Look« aus, der weder dem versierten Koch noch dem eingefleischten Feinschmecker zusagte. Beherrscht von Mikrowelle und Gefrierschrank erschienen Küchen und Geräte in ganz neuem Outfit. Die Oberflächen bestanden aus glänzendem Edelstahl oder glattem Kunststoff. An Stelle der Standardschränke und Kästen traten Arbeitseinheiten und Regale in deckenhohen, zylinderförmigen Schränken. Die Küche glich mehr und mehr der Kochkapsel in einer Raumstation.

Traditionelle Häuser und Apartments verfügten in der Vergangenheit ausnahmslos über ein separates Eßzimmer, und ausgesprochen repräsentativ waren die im Art-déco-Stil eingerichteten Speisezimmer um 1920. Dennoch erschienen sie, verglichen mit der Opulenz der georgianischen und viktorianischen Interieurs, wohltuend zurückhaltend – unverkennbar auf dem Weg zu der kompromißlosen Schlichtheit der aufkommenden Moderne.

LINKS OBEN **Eine Wand aus Glasbausteinen trennt Küche und Eßbereich. Für die Beleuchtung sorgen zwei in der Höhe verstellbare Stehlampen mit Aluminiumschirmen, ein Entwurf der britischen Designer John und Sylvia Reid aus den 50er Jahren.**
LINKS MITTE **Als die Bewohner in den 70er Jahren dieses New Yorker Apartment bezogen, übernahmen sie diese Küche einschließlich der Einbaumöbel.**
RECHTS OBEN **Dieser nachträgliche Anbau für die Küche ergänzt ein Haus aus der Zeit der Moderne. Der große architektonische Heizkörper ist ein Entwurf des Dänen Hudevad.**
RECHTE SEITE **Eine dreiarmige italienische Lampe aus den frühen 50er Jahren**

Mit der Modern Movement fielen die Wände des Eßzimmers. En vogue waren nun große, offene Räume mit verschiedenen Funktionsbereichen, was allerdings bedeutete, daß sich die Eßzimmer zunehmend in einen Winkel des zentralen Wohnbereichs zurückzogen. Als Raumteiler dienten Schiebetüren und Wandschirme – schließlich wollte man auf

LINKE SEITE **In diesem offen gestalteten Haus aus den 70er Jahren geht die Küche in den Eßbereich über. Ursprünglich als Büromöbel verwendet, sieht man den Eames-Tisch auf Laufrollen und die Kunststoff-Schreibtischstühle inzwischen auch oft im häuslichen Rahmen. Abwaschen macht mehr Spaß mit Arne Jacobsens farbenfrohem Wasserhahn in Form eines Schwanenhalses.**
MITTE OBEN **Ein Mona-Lisa-Triptychon von Ed Paschke über einem Eßbereich**

ALS ES IM NACHKRIEGSHAUSHALT ÜBLICH WURDE, IN DER KÜCHE ZU ESSEN, BLIEB DAS ESSZIMMER FÜR BESONDERE ANLÄSSE RESERVIERT.

keinen Fall den nicht abgeräumten Tisch im Blickfeld haben, wenn man sich nach dem Essen noch eine gemütliche Tasse Kaffee gönnte. Dienstboten galten in der Moderne der 30er Jahre, einer Zeit, in der man sich gern mit dem Attribut »egalitär« schmückte, kaum noch als zeitgemäß, was bedeutete, daß man sie eher »versteckt hielt«, als daß man ganz auf sie verzichtete. So waren viele Eßzimmer der frühen Moderne von der Küche oder Anrichte durch eine Wand mit Durchreiche getrennt. Ein Serviermädchen war deshalb nicht mehr erforderlich, denn der »unsichtbare« Koch konnte die Mahlzeit diskret in den Eßbereich durchreichen.

Unbestritten ist, daß dem Eßzimmer von jeher Züge elitärer Formalität anhaften. Im Nachkriegshaushalt wurde es zunehmend üblich, in der Küche zu essen; das Eßzimmer war für das Sonntagsmahl oder besondere Anlässe reserviert. Diesem Status entsprach auch die besondere Möblierung; traditionelle Eßzimmermöbel wie das Sideboard kamen erneut in Mode – ein Thema, mit dem sich die meisten der großen Möbeldesigner der 40er und 50er Jahre befaßten. Florence Knolls Rosenholz-Sideboard ist ein amerikanischer Klassiker, ebenso das in den 50er Jahren entworfene Sideboard des britischen Designers Robert Heritage, das auf seidenbespannten Türpaneelen seine Gattin Dorothy vor der Kulisse einer Stadt zeigt.

LINKS **Hochstühle wecken noch immer Assoziationen an Charles Dickens: hier der von George Nelson 1964 entworfene Sitz** *Perch*.
OBEN **Ein Arbeitsbereich in einem Schlafzimmer. Die Schreibplatte des** *Comprehensive Storage System (CSS)* **von George Nelson in den späten 50er Jahren entworfen, läßt sich bei Bedarf ganz wegklappen.**

Arbeitsräume, Studier- oder Schreibzimmer sind in den heutigen Wohnungen zunehmend Standard. Früher mußte der Tisch in der Küche oftmals als provisorische Arbeitsfläche herhalten. Da uns das Internet aber immer enger vernetzt, arbeiten inzwischen viele Leute von zu Hause aus, was bedeutet, daß sie einen eigenen Arbeitsbereich brauchen.

Ursprünglich war das Studier- oder Schreibzimmer ein separater Raum, der ausschließlich dem Mann vorbehalten war – der Frau stand lediglich ein winziges Boudoir mit einem hübschen Sekretär zu. Bei einem traditionellen Arbeitsraum handelte es sich in der Regel um einen der Bibliothek angegliederten Bereich, der zugleich als Leseraum, Schreibzimmer und Büro diente. Von hier aus wurden die geschäftlichen Dinge des Hauses oder Anwesens geregelt. Bücher, Papiere und Möbel sorgten für drangvolle Enge.

In den 20er und 30er Jahren war Schluß mit Studierzimmern, in denen man kaum noch atmen konnte, und man ersetzte sie durch beinahe klinisch wirkende »Laboratorien«. Der

Arbeitsräume

AUF DIESER SEITE **Ein Arbeitszimmer mit einem sehr schönen original** *Home-Office*-**Schreibtisch von George Nelson. Sogar der** *Rolodex* **stammt noch aus dieser Zeit.**
RECHTS OBEN **Hinter dem** *AX*-**Stuhl von Hvidt und Nielsen steht die Ladenkommode eines Textilhändlers, die hier mit ihren zahlreichen Schubladen für Ordnung sorgt.**

Arbeitsraum wurde ganz neu definiert und ähnlich wie Bad und Küche als streng funktionaler Bereich aufgefaßt; nur rein praxisbezogene Dinge fanden hier Platz. Einbauelemente und Schreibtische verbargen Papiere und Kleinkram. Lediglich die Schreibtischlampe und die Schreibmaschine wurden im Sichtbereich geduldet. Dunkles Linoleum fand nicht nur als Bodenbelag Anklang, es wurde auch für Arbeitsflächen genutzt.

Ein Studierzimmer voller optimistischer Ideale, das der britische Architekt Rodney Thomas um 1930 für ein Apartment in Highpoint I, einen ultra-modernen Wohnblock in London entwarf, war typisch für diese Zeit. Eine eingebaute Arbeitseinheit mit hochglänzender Tropenholzverkleidung zog sich entlang der Wände. Die Schreibtischplatte bestand aus echter Oregon-Fichte, die mit ihrem Goldton eine harmonische Ergänzung zu den

cremefarbenen Wänden bildete. Die Ecken des Systems waren sanft abgerundet, damit sich kein Staub darin sammeln konnte. Die Schreibtischplatte war im Fensterbereich abgesenkt, und der dazugehörige Stuhl wie ein Zylinder geformt. Für Farbe sorgte das riesige Zifferblatt einer Uhr, das nahezu eine ganze Wand einnahm: Der Stundenzeiger bestand aus einem blau gestrichenen Metallring, der Minutenzeiger war leuchtend rot.

AUF DIESER SEITE **Ganz im Stil der 70er Jahre: ein häusliches Arbeitszimmer aus der Bauzeit dieser Londoner Wohnung. Sowohl die Möbel in lebhaftem Teak- und Rosenholzfurnier als auch die Wandfarbe sind typisch für den Zeitgeschmack.**

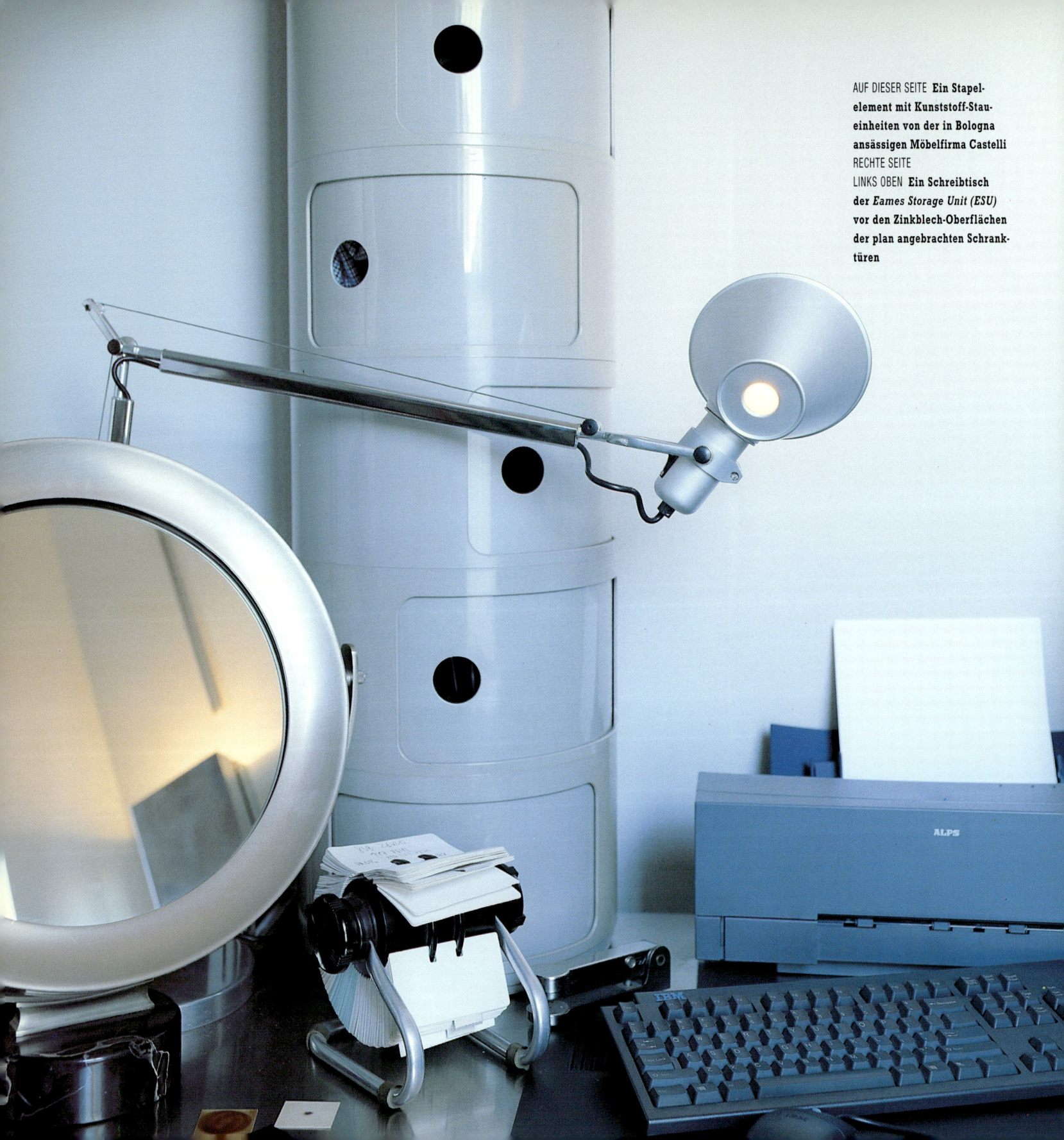

AUF DIESER SEITE **Ein Stapel-
element mit Kunststoff-Stau-
einheiten von der in Bologna
ansässigen Möbelfirma Castelli**
RECHTE SEITE
LINKS OBEN **Ein Schreibtisch
der** *Eames Storage Unit (ESU)*
**vor den Zinkblech-Oberflächen
der plan angebrachten Schrank-
türen**

Nach dem Zweiten Weltkrieg war das Schreibzimmer oder der Arbeitsraum vielfach auch Ort der Entspannung und Muse. Sitzbereiche, manchmal um Beistelltische gruppiert, Bücherregale und eine Phonoanlage nahmen dem Raum den reinen Bürocharakter. Diese ganz im Stil der 50er Jahre gestalteten Möbel waren so niedrig, daß sie sich dem Schreibtisch unterordneten, der nach wie vor im Mittelpunkt des Raums stand.

Wo es an Platz fehlte, wurde die Arbeitsecke in das Wohn- oder Schlafzimmer, manchmal auch in die Küche integriert. Der Hausfrau diente die Küche ohnehin als Arbeitsraum und Büro zugleich. So war das in den 50er und 60er Jahren keineswegs ungewöhnliche »Küchenbüro« oft nichts weiter als eine schlichte Schreibplatte mit Telefon. Wie eine amerikanische Publikation 1962 kommentierte, bildete »das Küchenbüro als Reich der Köchin das Pendant zu Vaters Bude. Hier kann die Hausfrau in Ruhe den Speisezettel entwerfen, Vorräte bestellen, Buch über die täglichen Ausgaben führen, und wenn eines der kleineren Kinder malen oder lesen möchte, während die Mutter in der Küche hantiert, dann findet es hier ebenfalls Platz«.

Um 1950 begannen viele größere Möbelfirmen Bürosysteme zu entwickeln, die oft auch in das Büro zu Hause Eingang fanden. Zu den erfolgreichsten gehörte die italienische Firma Olivetti mit ihrer Produktion von Schreibtischen, Stühlen, Büroausstattung und vor allem den geschätzten Schreibmaschinen. Die Reiseschreibmaschine *Valentine*, ein Entwurf von Ettore Sottsass und Perry King um 1970, ist inzwischen zur Sammler-Ikone geworden.

Nachdem heute praktisch in jedem Haushalt ein PC steht, nutzen die Kinder den Arbeitsraum für Computer-Spiele, während die Erwachsenen hier Rechnungen begleichen und im Internet surfen. Dank der großen Auswahl an Schreibtischen und Stühlen aus der Zeit der Moderne, fällt es nicht schwer, den heutigen Arbeitsräumen jenes Flair vergangener Zeiten zu verleihen.

LINKS **Ein Büro mit viel Holz – Parkettböden, ein antiker Tisch und ein Schreibtisch auf Rollen** RECHTS **Der Schichtholztisch von Eames mit den Rundstahlbeinen wird nach Gebrauch zusammengeklappt. Der Stuhl von Saarinen ist seit 1948 in Produktion.**

Das Schlafzimmer nimmt heute vielfach den Charakter eines weiteren Wohnraums an, wie Fernseher und Videogerät, Telefon und Hi-Fi-Anlage erkennen lassen. Während das Bett noch immer das Herzstück des Raums ist, bieten diese zeitgemäßen Extras neben dem speziellen Mobiliar – Stühlen, Kleiderschränken und Kommoden – ein weites Spielfeld für den Modern-Retro-Look.

Den überladenen Zierrat des viktorianischen und edwardianischen Schlafzimmers lehnte die Moderne rigoros ab. Die Bauhaus-Ausstellung von 1923 in Weimar zeigte in ihrem Musterhaus ein von Marcel Breuer gestaltetes Schlafzimmer für die Frau. Das Einzelbett aus Limonen- und Nußbaumholz hatte ein schmuckvolles Fußende und ein sehr schön geformtes Kopfteil. Auf dem Boden lag ein schlichter Teppich. Vor der Frisierkommode mit zwei Spiegeln – einem langen, fest installierten, in dem man sich ganz sehen konnte, und einem runden, schwenkbaren für die Nähe – stand ein Stuhl mit gemuldeter Sitzfläche und quadratischer Rückenlehne. Der strenge, zurückhaltende Charme von Breuers Schlafzimmer hatte für viele Häuser der frühen Moderne Vorbildcharakter.

Im Lauf der 20er und 30er Jahre setzte sich eine immer schlichtere Möblierung des Schlafzimmers durch. Die Bettrahmen wichen leichteren Konstruktionen, und die schweren Roßhaarmatratzen wurden durch Federkernmatratzen ersetzt. Die niedrigeren Betten wirkten im Raum weit weniger dominant. Die massiven Bettgestelle und hohen Aufbauten wurden ebenso verbannt wie der obligatorische Nachttisch mit Marmorplatte. Glatte Oberflächen verdrängten alles Ornamentale, und an Stelle von Massivholz traten glatte Furniere.

LINKS **Dieses Schlafzimmer strahlt inmitten der Hektik von New York zen-buddhistische Ruhe aus. Schiebetüren mit Paneelen aus laminiertem Seegras verbergen ein Bett. Die lange Bank ist von Jean Prouvé.**

OBEN **Tagsüber präsentiert sich das George-Nelson-Bett im Stil der Nachkriegszeit mit markant gemusterter Decke und strengem Keil. Der Stoff *Fun to Run* ist original, ein Entwurf von Estelle Laverne um 1947.**

Schlafzimmer

Schlafzimmer sind Traumwelten – ob man hier eine Oase der Ruhe, Entspannung und Erholung findet oder umgeben von leuchtenden Farben und wilden Mustern eine Sphäre ungezügelter Lebensfreude genießt, ist eine Frage des individuellen Geschmacks.

OBEN **Ein Fernsehapparat von Robin Day als Nachtkasten, ein Modell aus dem Jahr 1956 von der englischen Firma Pye. Die Lattenbank, ebenfalls von Robin Day, zeigt schwarze Stahlrohrbeine in V-Formation.**

Nach dem Zweiten Weltkrieg zeigte das Schlafzimmer der Moderne entschieden ansprechendere und weichere Züge. Berühmt geworden ist das Gästezimmer, das Philip Johnson 1953 einrichtete. Ganz im Gegensatz zur Transparenz seines Glashauses in New Canaan, Connecticut, schuf Johnson im Garten ein Gästehaus, das kaum einen Blick nach außen gewährte. Der zentrale Raum des Gästehauses war das legendäre Schlafzimmer, bekannt nicht nur als krasser Gegensatz zu dem ungemein exponierten Schlafraum im Glashaus, sondern vor allem als Sphäre verführerischer Schönheit. Ein niedriges Bett, weder Nachtschränke noch Lampen, lediglich indirekte Beleuchtung. Die Wände ausschließlich mit pinkfarbenem Fortuny-Plissee ausgeschlagen und die Decke aus einer Reihe bogenförmiger Gewölbe gestaltet, für die ihm, laut eigener Aussage, die Arbeit des britischen Architekten Sir John Soane Inspirationsquelle war.

Johnsons Gästezimmer hatte, separat vom Schlafzimmer, einen begehbaren Schrank. Der Wunsch, den Schlafbereich von dem Bereich zu trennen, in dem man sich anzog und die Kleidung aufbewahrte, entspricht einem jahrhundertealten Luxus, wie man ihn aus den herrschaftlichen Häusern früherer Zeiten kennt, wo dem Schlafzimmer ein Ankleideraum angegliedert war. In der Moderne besann man sich erneut auf diese Trennung der Funktionen. Manche Apartments und Häuser waren groß genug für begehbare Schränke, die zugleich als Ankleideraum dienten. Meist mußte man sich jedoch mit Einbauschränken begnügen. Ein typisches Novum war die Nutzung einer ganzen Wand für in gleicher Höhe angebrachte Kleiderstangen. Anders als die großen freistehenden Garderoben der vergangenen Jahrhunderte, die so dominant im Raum standen, daß jedes Stück regelrecht ausgestellt wurde, verschwanden die Kleider hinter der glatten Uniformität dieser eingebauten Garderobe aus dem Blickfeld.

In den 50er Jahren wandelte sich das Schlafzimmer allmählich zu einem Raum mit vielfältigen Funktionen. Die Teenager erklärten es zu ihrem Territorium. Um eine wohnliche Atmosphäre zu schaffen, war es allgemein üblich, das Bett tagsüber in eine Couch zu verwandeln. Kopfkissen und Bettdecken wurden abgenommen und in Schränken verstaut, glatte Plaids über dem Bett ausgebreitet und ein paar zwanglos gruppierte Kissen darauf verteilt. Auch ein Sekretär oder Schreibtisch mit Stuhl ließen die Doppelrolle des Schlafzimmers erkennen. Eine beliebte Ergänzung waren auch Arbeitstische zum Nähen oder Basteln. Für immer verbannt wurde die klassische freistehende Frisierkommode mit fest montiertem Mittelspiegel und zwei schwenkbaren Flügeln – »eine Reminiszenz an das Triptychon gotischer Altäre«, so benannt von den Design-Kritikern Gerd und Ursula Hatje.

OBEN **Ausrangiertes Krankenhausmobiliar in einem New Yorker Schlafzimmer**
RECHTE SEITE LINKS UNTEN **Spot hat seinen Platz auf einer Bettdecke aus den 70er Jahren.**

AUF DIESER SEITE Ein Webpelz für kalte Winternächte auf Bettbezügen in neuem Design von Jonathan Adler. Die Beleuchtung besteht aus zwei klassischen Arbeitslampen von Best & Lloyd aus den 30er Jahren. Am Fußende des Betts eine weitere Bank von Nelson.
LINKS OBEN Drei Einheiten aneinandergereiht, jedes Stück anders in Stil und Material – Eiche, Teak und Rosenholz –, aber alle von George Nelson, ebenso die Bank mit soliden Metallbeinen

Mit Möbeln, die so weit wie möglich vom Boden abgehoben waren, versuchte man, das Schlafzimmer leichter und luftiger erscheinen zu lassen. Am Kopfende des Bettes fanden sich vielfach lange Ablagen. Diese neuen Kopfenden enthielten manchmal eine Beleuchtung und kleine, seitlich ausgezogene Konsol-Tische. Mitte der 60er Jahre brachte der britische Möbelproduzent Hille ein von Alan Turville und John Lewak entworfenes Stauraum-System heraus, das frei über dem Boden schwebte und mit dem Slogan »Look, no feet« warb.

1961 begann die Möbelfirma Herman Miller kompakte Stauraum-Systeme von Charles Eames zu produzieren. Diese einzelnen Elemente ließen sich an einer Wand des Schlafzimmers anbringen. Die vorwiegend in Studentenwohnheimen genutzten Einheiten stellten den Prototyp der für den Wohnbereich entworfenen Einbausysteme dar. Damit wurden sämtliche über das Schlafzimmer verteilten Einzelmöbel zu einer Einheit zusammengefügt. Schranksysteme wurden mit passenden Drahtgitterregalen und Schubfächern, Kleiderhaken und Lichtquellen geliefert, Schreibtische mit integrierten Regalen, Pinwand und Aktenfach kombiniert. Das Bett konnte tagsüber

RECHTS **Das maßgefertigte Bett wurde in diesem New Yorker Schlafzimmer der Länge nach aufgestellt; so kann der Besitzer den herrlichen Blick auf das Empire State Building im Liegen genießen. Der verchromte Stahlrohrstuhl und der Lampenfuß aus Marmor stammen aus der Zeit zwischen den Kriegen. Die schmalen Regale entlang der Wände dienen dem Kunstliebhaber als Ausstellungsfläche für seine Exponate.**

IN DEN SPÄTEN 60ER UND FRÜHEN 70ER JAHREN BEFREITE MAN SICH VON DEN ZWÄNGEN, DIE SICH MIT DEM TERMINUS »GOOD DESIGN« VERBANDEN. POP- UND OP-DESIGN SOWIE JENER HANG ZUM SALOPPEN HIELTEN AUCH IM SCHLAFZIMMER EINZUG.

diskret zusammengeklappt werden und verschwand somit aus dem Sichtbereich.

In den späten 60er und frühen 70er Jahren befreite man sich von den Zwängen, die sich mit dem Terminus »Good Design« verbanden. Pop- und Op-Design sowie jener Hang zum zwanglos Saloppen hielten – ganz im Sinn der sexuellen Revolution – auch im Schlafzimmer Einzug. Das berühmteste Schlafzimmer war das von John Lennon und Yoko Ono, die im Namen des Weltfriedens »sleep ins« und »bed ins« veranstalteten. Im Schlafzimmer der 60er Jahre waren die Betten manchmal ganz abgeschafft und durch Matratzen auf dem Boden ersetzt. Indische Baumwoll-

d

LINKS OBEN **Das Kinderbett wirkt wie ein Pop-Art-Stück aus den späten 60er Jahren. Das Zimmer leuchtet in den sattesten Farben – lebhaft orangerote Wände, eine violettrosa Bettdecke von der berühmten finnischen Textilfirma Marimekko und ein zitronengelber Nachttisch.**

RECHTS OBEN **Eine luxuriöse glatte Seidendecke als Überwurf auf einem einladenden Doppelbett; am Fußende eine George-Nelson-Bank**

decken mit leuchtenden Mustern verbreiteten einen Hauch Exotik, und der japanische Futon hatte seinen ersten Auftritt im Westen.

Im »Ein-Raum-Universum« sahen Designer wie Joe Colombo eine Herausforderung. 1969 schuf er einen *central living block*, der aus einem erhöhten Quadrat flacher, miteinander verbundener Kissen bestand, die zum Sitzen und Anlehnen einluden. In der Mitte befand sich eine Bar, darüber ein Bücherschrank mit Fernsehapparat. Angegliedert war ein sogenannter *night cell block* als Schlafbereich. Eine ganz ähnliche Idee erscheint in Terence Conrans 1974 veröffentlichtem Handbuch *The House Book*. Ein Bild im Kapitel Schlafzimmer zeigt ein nur spärlich bekleidetes Paar auf einem großen, mit rotem Velour bezogenen Inselbett mit eingebauter Stereoanlage. Er nippt an einem Glas Rotwein und blickt voller Verlangen auf die leicht bekleidete Blondine, die mit Blick zur Decke auf die Dia-Projektion eines erotischen Fotos von Helmut Newton starrt.

AUF DIESER SEITE **Ein stahlblaues Schlafzimmer mit *Tizio*-Lampen von Richard Sapper; ein großer Lautsprecher in einer Ecke an der Wand unterstreicht den High-Tech-Look.**
LINKE SEITE
UNTEN RECHTS **Eine gewagte Farbkombination in diesem vollendet eleganten Schlafzimmer der dänischen Designerin Nanna Ditzel**

Für weite Kreise begann die Moderne im Badezimmer. Nirgendwo konnte man seine Liebe zum Praktischen und zu jener für die Modern Movement so typischen reduzierten Ästhetik besser verwirklichen als in diesem rein funktionalen Raum.

Badezimmer

Zu Beginn des 19. Jahrhunderts kannte man kein separates Badezimmer innerhalb eines Hauses – die Toilette befand sich außerhalb. Erst das Bedürfnis der Viktorianer nach mehr Körperhygiene führte zu einem Standard, der – von den großen Bädern der Römer abgesehen – in der Geschichte beispiellos ist. Kein Wunder also, daß im späten 19. Jahrhundert viele der herrschaftlichen Häuser Badezimmer hatten. Die bewegliche Einrichtung bestand aus einer Waschkommode, einer freistehenden Badewanne aus Gußeisen und einem pot de chambre, diskret in einem Stuhl verborgen.

Um 1920 verfügten die Badezimmer über fest installierte sanitäre Einrichtungen: ein Waschbecken auf einem Podest und eine eingebaute Badewanne. Die Armaturen waren in der Regel glänzend und bestanden aus hygienisch weißem Porzellan.

Der Traum vom gekachelten Badezimmer – im 19. Jahrhundert eine wahre Obsession – erreichte in den 20er und 30er Jahren einen neuen Höhepunkt. Das Badezimmer in der Präsidentensuite des Immobilienhändlers Irwin S. Chanin setzte Maßstäbe für das Styling des zeitgemäßen privaten Badezimmers. Im 52. Stockwerk des Chanin Buildings, eines berühmten Art-déco-Wolkenkratzers in New York City, ließ er sich von dem Franzosen Jacques Delamarre in den späten 20er Jahren ein Badezimmer einbauen, das die Stimmung eines goldenen Sonnenuntergangs heraufbeschwor. Die Fliesen in Form gebrochener Wellenlinien schimmerten in Gold- und Cremetönen. Die Badewanne war umschlossen von Glasflügeltüren mit geschliffenen Dreiecks- und Viertelkreis-Motiven. Darüber ein Ventilator aus Bronzelamellen in Form fächerförmiger Sonnenstrahlen.

RECHTS **Das ursprüngliche Badezimmer aus der ersten Hälfte des 20. Jahrhunderts war noch gut in Schuß: Die Wandfliesen wirken wie Backsteingemäuer. Der *Bird*-Sessel ist ein Entwurf von Harry Bertoia aus den 50er Jahren.**

Zu Beginn der 30er Jahre machten zwei ungeheuer einflußreiche, aber gänzlich unterschiedlich gestaltete Badezimmer von sich reden: Eher an konventionellen Vorstellungen orientiert, entwarf der Künstler Paul Nash 1932 ein Badezimmer für die Tänzerin Tilly Losch. Die Wände waren mit strukturiertem Silberglas verkleidet, an der Decke ein großer, länglicher Spiegel mit einem Rahmen fluoreszierender Lichter, an der Wand durch halbmondförmige Leuchtröhren ergänzt. Die Armaturen bestanden aus Chrom, ebenso die für eine Tänzerin obligatorische Stange.

Le Corbusier gestaltete um 1930 für die Villa Savoye vor den Toren von Paris ein Badezimmer, das untrüglich der Moderne verpflichtet ist. Drei der Badezimmerwände sind weiß gekachelt, während die vierte »Wand« aus einem Vorhang besteht, der den Raum vom Eheschlafzimmer trennt. Die Wanne besteht aus einem in den Boden eingelassenen Quader, ausgekleidet mit türkisfarbenen Keramikfliesen, die auch einen Großteil des Bodenbelags bilden. Neben dem Trennvorhang steht eines der berühmten Stücke der Villa Savoye, eine fest eingebaute Liege aus grauem schalenförmig gegossenem Glas. Die geschwun-

RECHTS OBEN **Manches »gute« Stück aus der Pop-Ära hat bis heute überlebt, wie der original *Tomotom Chair* aus Karton mit seinen geschwungenen Konturen in diesem Badezimmer – ein Entwurf von Bernard Holdaway für Hull Traders aus den späten 60er Jahren.**
AUF DIESER SEITE UNTEN **Ein New Yorker Badezimmer mit original altem Waschbecken und Aluminiumlampe aus den 50er Jahren**

gene Linienführung erinnert an die einige Jahre früher von Le Corbusier und Charlotte Perriand entworfene Liege *LC 4*.

Viele der hygienischen Ansprüche, die sich an die Küche stellen, gelten auch für das Badezimmer. In Sachen Armaturen und Materialien läßt die Moderne in beiden Räumlichkeiten ganz ähnliche Ansätze erkennen. Die neuen, leicht zu reinigenden Kunststoff-Laminate der 40er und 50er Jahre wurden in Küche und Badezimmer zum Standard. Die Einbauschränke wurden mit farbenfrohen und gemusterten Fronten verkleidet. Vinyltapeten, aufgrund ihrer angeblichen Unempfindlichkeit gegenüber Kondenswasser in Badezimmern geschätzt, wurden auch in Küchen eingesetzt.

In den 30er Jahren wurden Wannen, Waschbecken und Toiletten in einer so breiten Farbpalette angeboten, daß sich die Ausstattung genau aufeinander abstimmen ließ. Hinzu kamen neue Materialien wie Fiberglas und Acryl, die dafür sorgten, daß die Bäder nicht mehr so schwergewichtig waren.

Aber auch an Atmosphäre gewann das Badezimmer im Lauf der folgenden Jahrzehnte – nicht mehr klinisch steril, sondern eher einladend wirkte es, oftmals wie eine Kreuzung zwischen Wohn- und Schlafzimmer. Die Böden wurden mit Teppich- oder Korkfliesen ausgelegt und große Räume in älteren Häusern in Badezimmer verwandelt, in denen die zentrale Wanne von Sesseln und Sofas eingerahmt war. Die Deckenlampe wich einer diskreten, indirekten Beleuchtung; hinzu kamen Sauna und Wellenbad. Das Badezimmer hatte sich vom privaten Refugium zum Gemeinschaftsraum entwickelt.

DAS BADEZIMMER, VON LE CORBUSIER UM 1930 FÜR DIE VILLA SAVOYE VOR DEN TOREN VON PARIS ENTWORFEN, KANN NOCH HEUTE BEWUNDERT WERDEN.

Händler, Architekten und Designer

Einzelhändler, spezialisiert auf Originalstücke

Delikatessen
Rumfordstraße 6
80469 München
Tel: (0 89) 26 02 43 27
Lampen, Stühle und Tischchen
aus den 70ern u. a.

Es brennt
Freisinger Gasse 1
6. Bezirk
1010 Wien
Tel: (01) 532 09 00
Design von 1920 bis 1970

Galerie Jochum + Tissi
Alte Schönhauser Straße 38
10117 Berlin
Tel: (0 30) 2 47 47 14
www.hpjochum.de
Originale von Hans Wegner, Poul
Kjaerholm, Alvar Aalto, Arne
Jacobsen, Charles Eames, George
Nelson, Florence Knoll, Achille
Castiglioni

Lichterloh
Gumpendorfer Straße 17
6. Bezirk
1060 Wien
Tel: (01) 586 05 20
Einrichtungsgegenstände der 20er
bis zum Ende der 60er Jahre

**Méli Mélo Kunst-Antiquitäten
H. Herrmann/O. Lemonnier GbR**
Zieblandstraße 25
80798 München
Tel: (0 89) 52 81 00
Fax: (0 89) 52 88 15
Möbel u. a. aus den 20er und 30er
Jahren, vereinzelt aus den 50ern

Pussicat faster
Mehringdamm 55
10961 Berlin
Tel: (0 30) 69 50 66 00
Möbel und Accesoires der 50er,
60er und 70er Jahre; Plastikstühle,
Tischchen, Lampen, auch Sofas,
alte Fernsehgeräte und Radiowecker

**Version Originale
Gaby Heidtmann**
Palmstraße 21
50672 Köln
Tel (02 21) 2 57 43 83
Viel italienisches Design der
50er bis 70er Jahre

Zeitlos
Im Stilwerk Berlin, 2. und 3. Etage
Kantstraße 17
10623 Berlin
Tel: (0 30) 31 51 56 31
Restaurierte Einzelstücke
hauptsächlich bis zu den 50er
Jahren, aber auch aus den 60er und
70er Jahren

Flohmärkte

Flohmarkt am Arkonaplatz
Berlin-Mitte
U-Bahn: Bernauer Straße
Öffnungszeiten: sonntags 10–17 Uhr
Tel: (0 30) 93 79 87 55
Mehrere Stände mit Mobiliar,
Lampen, Geschirr und anderen
Einrichtungsgegenständen im
Design der 60er und 70er Jahre

Flohmarkt Treptow
Eingang Puschkinallee
U-Bahn: Schlesisches Tor, S-Bahn:
Treptower Park, Bus: 265
Öffnungszeiten: samstags und
sonntags 10–18 Uhr
Mehrere Stände mit
Einrichtungsgegenständen aus den
60er und 70er Jahren

Kunstpark Ost Antik Markt:
Eingang: Rosenheimer Straße 143
81671 München
Tel: (0 89) 4 50 69 20
Stand mit Einrichtungsgegen-
ständen aus den 50er und 60er
Jahren (und ein großes Lager)
Öffnungszeiten:
donnerstags 14–20 Uhr,
freitags 10–20 Uhr, samstags
10–18 Uhr, jeden 2. Sonntag im
Monat 10–18 Uhr

Einzelhändler und Hersteller moderner Neuauflagen

IKEA
Servicenummern der deutschen
Zentrale:
Tel: (01 80) 5 51 52
Fax: (01 80) 5 35 34 36
http://www.ikea.de

**Rahaus City Möbel GmbH
Wohnen 2001**
Bayreuther Straße 36
10789 Berlin
Tel: (0 30) 2 18 93 93
Fax: (0 30) 2 13 95 03

Der Raum
Uhlandstraße 14
10623 Berlin
Tel: (0 30) 31 80 63 23

**Audio Objekte Bang & Olufsen
Studio**
Brienner Straße 4
80333 München
Tel: (0 89) 5 23 73 03
Fax: (0 89) 5 23 74 05
www.audio-objekte.de
CD-Ständer und andere Audio-,
Hi-Fi- und TV-Objekte von
namhaften Designern

Minimum Einrichten
Im Stilwerk Berlin, 3. Etage
Kantstraße 17
10623 Berlin
Tel: (0 30) 31 51 55 25
Klassiker der 20er, 30er und 70er
Jahre

**WK-Wohnen
Design von WK-Wohnen**
Katalogbestellung: (0 18 05)
99 11 22 und 99 11 33
www.wk-wohnen.de
www.designo.de
In der jungen Linie Designo von
WK-Wohnen finden sich einige
Designer-Möbelstücke in Anlehnung
an frühere Jahrzehnte.

**Kartell
Im Stilwerk Berlin**
Kantstraße 17
10623 Berlin
Tel: (0 30) 31 51 51 20
Plastik-Kleinmöbel der 60er und
70er; Stühle, Tischchen, Stapel-
elemente u. a.

**Arno Beleuchtungskörper
Fuhrmann GmbH & Co. KG**
Stadtbahnbogen 590
10627 Berlin
Tel: (0 30) 3 12 90 10
Fax: (0 30) 3 13 15 35
Leuchtobjekte im Design der 20er
Jahre, der 50er und 60er bis heute

**Clubhouse Italia
Im Stilwerk Berlin**
Kantstraße 17
10623 Berlin
Tel: (0 30) 31 51 51 72
Hochwertige Designermöbel und
Klassiker vom Bauhaus bis zu den
50er, 60er und 70er Jahren

Stilwerk Hamburg
Große Elbstraße 68
22767 Hamburg
Tel: (0 40) 30 62 11 00

Stilwerk Düsseldorf
Grünstraße 15
40212 Düsseldorf
Tel: (02 11) 86 22 81 00

Stilwerk Berlin
Kantstraße 17
10623 Berlin
Tel: 030/31 51 50
www.stilwerk.de

Galerie Objekte Maurer
Kurfürstenstraße 17
80799 München
Tel: (0 89) 2 71 13 45
Fax: (0 89) 27 29 98 24
Ausgewählte Designer von 1930 bis
heute wie André Block, Alfred Roth,
Carlo Mollino, Gio Ponti, Ettore
Sottsass, Alessandro Merdini

TK 33
Gollierstraße 33
80339 München
Tel: (0 89) 51 09 93 31
Einige Stücke im Stil der 70er Jahre

FDC-Frankfurt Design Collection
Schillerstraße 18
60313 Frankfurt am Main
Tel: (0 69) 91 39 60 91
Stoffe und Tapeten vom Bauhaus,
aus den 30er, aber auch 60er und
70er Jahren

Wohn sitz art Ulrike Meis
Hahnenstraße 21
50667 Köln
Tel: (02 21) 24 35 45
Fax: (02 21) 24 18 67
Ergodynamische Sitzmöglichkeiten
aus den 70er Jahren von Designern
wie Verner Panton und Peter Opsvik

Internet-Adressen zum Thema Design

www.bebitalia.com
www.cappellini.it
www.creative-inneneinrichter.de
www.depadova.com
www.designboom.com
www.eziba.com
www.ligne-roset.tm.fr
www.livingathome.de
www.metropolismag.com
www.rolfbenz.de
www.stilwerk.de
www.totemdesign.com
www.vitra.com
www.wallpaper.com

Architekten und Designer, deren Arbeiten und Entwürfe in diesem Buch Erwähnung finden:

Azman Owens Architects
8 St Albans Place
London N1 ONX
Tel. u. Fax: (00 44 20) 73 54 29 55
E-Mail: azmanowens.com
S. 4 & 5, 40 & 41 ol, 46, 50 ol,
550 l & ur, 117

Michael Benevento
Orange Group
515 Broadway
New York
NY 10012
Tel.: (00 12 12) 9 65 86 17
S. 34, 35 ol, 37 r, 41 om & or,
114–115 u, 126–127 & 127 u

Bilhuber Inc.
330 East 59th Street
6th Floor
New York
NY 10022
Tel.: (00 12 12) 3 08 48 88
S. 19

Brookes Steacey Randall
New Hibernia House
Winchester Walk
London SE1 9AG
Tel.: (00 44 20) 74 03 07 07
S. 36 ur

Ian Chee VX Designs
Tel.: (00 44 20) 73 70 54 96
S. 21 or, 27 r, 68–69 o, 71

Justin de Syllas
Avanti Architects Ltd.
1 Torriano Mews
London NW5 2RZ
Tel.: (00 44 20) 72 84 16 16
S. 21 mr, 24–25 o,

Nanna Ditzel MDD FCSD
Industrial designer specializing
in furniture, textiles, jewellery
and exhibitions
Nanna Ditzel Design
Klareboderne 4
DK-1115 Kopenhagen K
www.nanna-ditzel-design.dk
S. 56 u, 57 ol & ul, 108 l, 114–115
o, 132 ur

Full House
38 Renwick St
New York
NY 10013
Tel.: (00 16 46) 4 86 41 51
S. 36 or, 37 l, 47 or, 56 or,
104–105, 116 u, 119 u

Steven Learner Studio
138 West 25th Street
12th Floor
New York
NY 10001
Tel.: (00 12 12) 7 41 85 83
S. 134–135

Marino + Giolito
161 West 16th Street
New York
NY 10011
Tel.: (00 12 12) 2 60 81 42
S. 121 r

The Moderns
900 Broadway, Suite 903
New York
NY 10003
Tel.: (00 12 12) 3 87 88 52
Fax: (00 12 12) 3 87 88 24
E-Mail: moderns@aol.com
S. 1 & 2, 35 ul & ur,
62–63, 82–83, 114 l

Johnson Naylor
Tel.: (00 44 20) 74 90 88 85
E-Mail:
brian.johnson@johnsonnaylor.co.uk
S. 13 ol, 21 ur, 74 ol

Judy Ross
Judy Ross Textiles/Carpets
1 Union Square South
New York
NY 10003
Tel.: (00 12 12) 8 42 26 07
S. 1, 62–63, 82–83

John L. Stewart
SIT, L. L. C.
113–115 Bank Street
New York
NY 10014–2176
Tel.: (00 12 12) 6 20 07 77
E-Mail: JLSCollection@aol.com
S. 38 l, 43 r, 56 ol & ml, 57 r, 66 l,
70 l, 102 & 102–103, 119 o, 136 ol

Literaturhinweise

Albrecht Bangert:
Die 50er Jahre. Möbel und
Ambiente, Design und
Kunsthandwerk, München 1990

Georg C. Bertsch, Matthias
Dietz, Barbara Friedrich:
Euro-Design-Guide. Ein Führer
durch die Designszene von A-Z,
München 1992

Bernhard Em Bürdek:
Design. Geschichte, Theorie und
Praxis der Produktgestaltung, Köln
1991

Terence Conran:
(übers. v. Susanne Vogel) Design.
Terence Conran, Köln 1997

Dan Klein, Nancy A. Mc Clelland,
Malcolm Haslam:
(übers. v. Alfred P. Zeller) Art Deco,
Stuttgart 1991

Klaus-Jürgen Leuthäuser
Sembach, Peter Gabriele Gössel:
Möbeldesign des 20. Jahrhunderts,
Taschen Verlag, Köln

Claudia Neumann:
Design Lexikon Italien, Köln 1999

Nikolaus Pevsner:
(übers. v. Doris Schmidt) Der Beginn
der modernen Architektur und des
Design, Köln 1971

Bernd Polster:
Design Lexikon Skandinavien, Köln
1999

Jacques Sbriglio:
(übers. v. Sarah Parsons)
Le Corbusier: La Villa Savoye, Basel,
Boston, Berlin 1999

Selle, Gert:
Design-Geschichte in Deutschland.
Produktkultur als Entwurf und
Erfahrung, Köln 1987

Penny Sparke:
(Übers. nicht genannt) Design
Lexikon Großbritannien, Köln 2000

Thomas Stegmann-Heider,
René Markus Zey:
Lexikon internationales Design.
Designer, Produkte, Firmen, Reinbek
1994

Michael Tambini:
(übers. v. Sabine Bachmann) Look
of the Century. Das Design des
20. Jahrhunderts, Augsburg 1997

Bildnachweis

Schlüssel: **l** = links, **m** = Mitte, **r** = rechts, **o** = oben, **u** = unten

Alle Fotos stammen von Andrew Wood, sofern nicht andere Quellen angegeben sind.

1 & 2 Chelsea Loft in New York, Entwurf: The Moderns; **3** Century, 00 44/20 74 87 51 00; **4 & 5** Guido Palaus Haus im Norden Londons, Entwurf: Azman Owens Architects; **6** Century, 00 44/20 74 87 51 00; **7** John Cheims Apartment in New York; **8** Heidi Kingstones Apartment in London; **10-11** Neil Binghams Haus in Blackheath, Sessel: mit freundlicher Genehmigung der Designer's Guild; **12-13** Philippe Garner; **13 ol** Penthouse im Millenium Harbour, London, Entwurf: CZWG Architects and Johnson Naylor, Foto mit freundlicher Genehmigung von Alan Selby & Partners; **14 l** Mary Evans Picture Library; **14 r** The Advertising Archives; **15 ol** Philippe Garner; **15 or** Elizabeth Whiting & Associates; **15 ul** The Art Archive; **15 ur** Century, 00 44/20 74 87 51 00; **15 m** Teppich von Da Silva Bruhns, um 1930, private Sammlung/The Bridgeman Art Library; **16** Century 00 44/20 74 87 51 00; **16 u** The Advertising Archives; **16-17** Ezra Stoller/Esto/Arcaid; **18** Ezra Stoller/Esto/Arcaid; **19 ol** Foto von Ray Main, ein Haus in Pennsylvania, Entwurf: Jeffrey Bilhuber; **19 om** Foto von Chris Everard; **19 or** mit freundlicher Genehmigung von Knoll International; **19 ul** Festival of Britain Style Fabric, frühe 50er Jahre; private Sammlung: The Bridgeman Art Library; **19 bm & ur** mit freundlicher Genehmigung von Herman Miller Inc; **20 l** mit freundlicher Genehmigung von Herman Miller Inc; **20 r** The Advertising Archives; **21 ol & ml** Foto von Tam Nhu Tran; **21 ul** *Sea Things*, Stoff von Ray Eames, 1945 (handbedruckte Seide, Dekor auf Karton) private Sammlung/Bonhams/The Bridgeman Art library; **21 or**

Ian Chees Apartment in London; **21 mr** Annette Mains und Justin De Syllas' Haus in London, Stuhl: mit freundlicher Genehmigung von Fritz Hansen; **21 ur** Brian Johnsons Apartmen in London, Entwurf: Johnson Naylor, Stuhl: mit freundlicher Genehmigung Race Furniture; **22 ol & or** mit freundlicher Genehmigung von Henry Miller Inc; **22 ul** The Advertising Archives; **22-23 & 23 o** Elizabeth Whiting & Partner **23 u** The Advertising Archives; **24 ul** drei Vasen von G. P. Baxter für Whitefriars Glass, 1966, Glass Manufacturers Federation/The Bridgeman Art Library; **24 ul** Christie's Images Ltd; **24-25 o** Annette Main und Justin De Syllas' Haus in London; **24-25 u** Elizabeth Whiting und Partner; **26 ol, or, ul & 26-27** Elizabeth Whiting und Partner; **27 ol** Foto von Chris Everard; **27 r** Ian Chees Apartment in London, Stuhl mit freundlicher Genehmigung von Vitra; **28 u** Elizabeth Whiting und Partner; **29 ol, or, ul & ur** Elizabeth Whiting und Partner; **30** Elizabeth Whiting und Partner; **31 ul** Foto von Chris Everard / Licht mit freundlicher Genehmigung von Skandium; **31 or & ur** Elizabeth Whiting und Partner; **34 & 35 ol** Michael Benevento-Orange Group; **35 or** John Cheims Apartment in New York, Entwurf: The Moderns; **35 ul & ur** Chelsea Loft in New York, Entwurf: The Moderns; **36 or** Apartment von Michel Hurst u. Robert Swope, Besitzer von Full House NYC; **36 ul** Kurt Bredenbecks Apartment im Londoner Viertel Barbican; **36 ur** Freddie Daniells Loft in London, Entwurf: Brookes Stacey Randall; **37 l** Apartment von Michel Hurst u. Robert Swope, Besitzer von Full House NYC; **37 r** Michael Benevento-Orange Group; **38 l** Apartment in The San Remo, Upper West Side von Manhattan, Entwurf: John L. Stewart u. Michael D'Arcy von SIT; **38 r & 39** Century 00 44/20 74 87 51 00;

40 & 41 ol Guido Palaus Haus im Norden Londons, Entwurf: Azman Owens Architects; **41 am & or** Michael Benevento-Orange Group; **41 u** Jo Shane, John Cooper und Familie, Apartment in New York; **42 or, ul & 42-43** John Cheims Apartment in New York; **43 r** Apartment in San Remo, Upper West Side von Manhattan, Entwurf: John L. Stewart und Michael D'Arcy von SIT; **44 ol** Phillip Low, New York; **44 b, 44-45, 45 o & m** Century 00 44/20 74 87 51 00; **46** Guido Palaus Haus im Norden Londons, Entwurf: Azman Owens Architects; **47 ol** John Cheims Apartment in New York; **47 or** Apartment von Michel Hurst u. Robert Swope, Besitzer von Full House NYC; **47 ur** Kurt Bredenbecks Apartment im Londoner Viertel Barbican; **48 o** Heidi Kingstones Apartment in London; **48 u** Jane Collins von Sixty 6 in Marylebone High Street, Central London; **50 ol** Guido Palaus Haus im Norden Londons, Entwurf von Azman Owens Architects; **50 or & 51 r** Jane Collins von Sixty 6 in Marylebone High Street, Central London; **52 ul** Jo Shane, John Cooper und Familie, Apartment in New York; **53 r** John Cheims Apartment in New York; **54 o & u** Jane Collins von Sixty 6 in Marylebone High Street, Central London; **54-55** Phillip Low, New York; **55 ol & ur** Guido Palaus Haus im Norden Londons, Entwurf von Azman Owens Architects; **55 or & ul** Phillip Low, New York; **56 ol & ml** Apartment in San Remo, Upper West Side von Manhattan, Entwurf: John L. Stewart und Michael D'Arcy von SIT; **56 or** Apartment von Michel Hurst u. Robert Swope, Besitzer von Full House NYC; **56 b, 57 ol & ul** Nanna Ditzels Haus in Kopenhagen; **57 r** Apartment in San Remo, Upper West Side von Manhattan, Entwurf: John L. Stewart und Michael D'Arcy von SIT; **58-59 & 59** Jane Collins von Sixty 6 in

Marylebone High Street, Central London; **62-63** Chelsea Loft in New York, Entwurf: The Moderns; **65 r** Jane Collins von Sixty 6 in Marylebone High Street, Central London; **66 l** Apartment in San Remo, Upper West Side von Manhattan, Entwurf: John L. Stewart und Michael D'Arcy von SIT; **66 r** Jane Collins von Sixty 6 in Marylebone High Street, Central London; **67** Century, 00 44/20 74 87 51 00; **68 l** Neil Binghams Haus in Blackheath, London; **68-69 o** Foto von Tam Nhu Tran: Ian Chees Apartment in London; **68-69 u** Foto von Polly Wreford; **69 u** Neil Binghams Haus in Blackheath, London; **70 l** Apartment in San Remo, Upper West Side von Manhattan, Entwurf: John L. Stewart und Michael D'Arcy von SIT; **70 r** Jane Collins von Sixty 6 in Marylebone High Street, Central London; **71** Foto von Tam Nhu Tran: Ian Chees Apartment in London; **72 l, ar, ur & 73** Century, 00 44/20 74 87 51 00; **74 ol** Foto von Tam Nhu Tran: Ian Chees Apartment in London; **74 or & ur** Foto von Tam Nhu Tran; **74 ul** Foto von Tom Leighton; **75 ol, m & u** Foto von Tam Nhu Tran; **75 or** John Cheims Apartment in New York; **76** Norma Hollands Haus in London; **77 ol** Jo Shane, John Cooper und Familie, Apartment in New York; **77 r** Kurt Bredenbecks Apartment im Londoner Viertel Barbican; **78 ol** Foto von Polly Wreford; **78 olm** Neil Binghams Haus in Blackheath, London; **78 orm, urm & ur** Foto von Tam Nhu Tran; **78 or** Phillip Low, New York; **78 ul** Guido Palaus Haus im Norden Londons, Entwurf von Azman Owens Architects; **79 l** Century, 00 44/20 74 87 51 00; **79 or** Foto von Polly Wreford: Apartment in New York, Entwurf: Belmont Freeman Architects; **79 u** Foto von Polly Wreford; **80 l & r** Jo Shane, John Cooper und Familie, Apartment in New York; **80-81 & 81** Neil Binghams Haus in Blackheath, London; **82-83** Chelsea Loft in New York, Entwurf: The Moderns; **86 & 87** Jane Collins von Sixty 6 in Marylebone High Street, Central London; **88-89** Norma Hollands Haus in London; **90-91 & 91** John Cheims Apartment in New York; **94 l** Century,

00 44/20 74 87 51 00; **96-97 & 97** Century, 00 44/20 74 87 51 00; **98-99** Heidi Kingstones Apartment in London; **100-101** Jo Shane, John Cooper und Familie, Apartment in New York; **102 & 102-103** Apartment in San Remo, Upper West Side von Manhattan, Entwurf: John L. Stewart und Michael D'Arcy von SIT; **104-105** Apartment von Michel Hurst u. Robert Swope, Besitzer von Full House NYC; **106** Kurt Bredenbecks Apartment im Londoner Viertel Barbican; **107 ul & r** Heidi Kingstones Apartment in London; **108 l** Nanna Ditzels Haus in Kopenhagen; **108-109** Neil Binghams Haus in Blackheath, London; **109 r** Jane Collins von Sixty 6 in Marylebone High Street, Central London; **110-111** Norma Hollands Haus in London; **112 & 112-113** Phillip Low, New York; **114 l** Chelsea Loft in New York, Entwurf: The Moderns; **114-115 o** Nanna Ditzels Haus in Kopenhagen; **114-115 u** Michael Benevento-Orange Group; **116 ol** Century, 00 44/20 74 87 51 00; **116 u** Apartment von Michel Hurst u. Robert Swope, Besitzer von Full House NYC; **117** Guido Palaus Haus im Norden Londons, Entwurf von Azman Owens Architects; **119 o** Apartment in San Remo, Upper West Side von Manhattan, Entwurf: John L. Stewart und Michael D'Arcy von SIT; **119 u** Apartment von Michel Hurst u. Robert Swope, Besitzer von Full House NYC; **120 & 120-121** Century, 00 44/20 74 87 51 00; **121 r** Chelsea Studio New York City, Entwurf: Marino und Giolito; **122 Hintergrund** Century, 00 44/20 74 87 51 00; **123** Kurt Bredenbecks Apartment im Londoner Viertel Barbican; **124** Phillip Low, New York; **125 ol** Jo Shane, John Cooper und Familie, Apartment in New York; **125 ul** Heidi Kingstones Apartment in London; **125 ur** Foto von Polly Wreford: Apartment in New York, Entwurf: Belmont Freeman Architects; **126-127 & 127 u** Michael Benevento-Orange Group; **127 o** Century, 00 44/20 74 87 51 00; **128 ur** John Cheims Apartment in New York; **128-129** Jo Shane, John Cooper und Familie, Apartment in New York; **129 ul & r**

Century, 00 44/20 74 87 51 00; **130-131** John Cheims Apartment in New York; **132 ol** Jo Shane, John Cooper und Familie, Apartment in New York; **132 or** Heidi Kingstones Apartment in London; **132 ur** Nanna Ditzels Haus in Kopenhagen; **133** Kurt Bredenbecks Apartment in Londons Barbican; **134-135** Loft von Peggy & Steven Learner, Entwurf: Steven Learner Studio; **136 ol** Apartment in San Remo, Upper West Side von Manhattan, Entwurf: John L. Stewart und Michael D'Arcy von SIT; **136 ul** Heidi Kingstones Apartment in London; **136 r** Century, 00 44/20 74 87 51 00; **137** John Cheims Apartment in New York; **144 l** John Cheims Apartment in New York; **144 m & r** Jane Collins von Sixty 6 in Marylebone High Street, Central London

Register

Danksagungen

Neil Bingham möchte Luis Peral Aranda ganz herzlich danken für seinen unschätzbaren Beitrag zur Konzeption dieses Buches. Dank gebührt Eleanor Gawne für ihre konstruktiven Kommentare zum Text sowie Paul Agnew und Peter Fuller für ihre Unterstützung. Auch meiner Schwester und meinem Schwager Lynne und Miro bin ich zu Dank verpflichtet; sie bekochten mich köstlich, während ich am Schreibtisch saß. Meine Kollegen in der Drawings Collection und der Library of the Royal Institute of British Architects sprangen mir mit großem Sachverstand bei, wenn ich nicht mehr weiter wußte. Auch viele Modern-Retro-Händler und Sammler sind mir im Lauf der Jahre zu lieben Freunden geworden; allen danke ich hiermit für ihren begeisterten Zuspruch. Die Genauigkeit meines Co-Autors Andrew Weaving war mir beim Verfassen der Bildunterschriften ebenso hilfreich wie sein Humor.

Andrew Weaving möchte allen danken, die die erforderlichen Schauplätze und Utensilien zur Verfügung stellten, insbesondere jenen, die bereitwillig Einblick in ihr Haus gewährten. Ein ganz besonderes Dankeschön gilt Michael Benevento und Stuart Basseches für ihre Einführung. Dank verdienen natürlich auch Spot und Zachary für ihre Unterstützung.